中华复兴之光
万里锦绣河山

壮美如画江河

冯 欢 主编

汕头大学出版社

图书在版编目（CIP）数据

壮美如画江河 / 冯欢主编. -- 汕头 ： 汕头大学出
版社，2016.1（2019.9重印）
　　（万里锦绣河山）
　　ISBN 978-7-5658-2369-5

　　Ⅰ．①壮… Ⅱ．①冯… Ⅲ．①河流－介绍－中国
Ⅳ．①K928.42

中国版本图书馆CIP数据核字（2016）第015713号

壮美如画江河　　　　　　　　*ZHUANGMEI RUHUA JIANGHE*

主　　编：冯　欢
责任编辑：汪艳蕾
责任技编：黄东生
封面设计：大华文苑
出版发行：汕头大学出版社
　　　　　广东省汕头市大学路243号汕头大学校园内　邮政编码：515063
电　　话：0754-82904613
印　　刷：北京中振源印务有限公司
开　　本：690mm×960mm 1/16
印　　张：8
字　　数：98千字
版　　次：2016年1月第1版
印　　次：2019年9月第3次印刷
定　　价：32.00元
ISBN 978-7-5658-2369-5

前　言

　　党的十八大报告指出："把生态文明建设放在突出地位，融入经济建设、政治建设、文化建设、社会建设各方面和全过程，努力建设美丽中国，实现中华民族永续发展。"

　　可见，美丽中国，是环境之美、时代之美、生活之美、社会之美、百姓之美的总和。生态文明与美丽中国紧密相连，建设美丽中国，其核心就是要按照生态文明要求，通过生态、经济、政治、文化以及社会建设，实现生态良好、经济繁荣、政治和谐以及人民幸福。

　　悠久的中华文明历史，从来就蕴含着深刻的发展智慧，其中一个重要特征就是强调人与自然的和谐统一，就是把我们人类看作自然世界的和谐组成部分。在新的时期，我们提出尊重自然、顺应自然、保护自然，这是对中华文明的大力弘扬，我们要用勤劳智慧的双手建设美丽中国，实现我们民族永续发展的中国梦想。

　　因此，美丽中国不仅表现在江山如此多娇方面，更表现在丰富的大美文化内涵方面。中华大地孕育了中华文化，中华文化是中华大地之魂，二者完美地结合，铸就了真正的美丽中国。中华文化源远流长，滚滚黄河、滔滔长江，是最直接的源头。这两大文化浪涛经过千百年冲刷洗礼和不断交流、融合以及沉淀，最终形成了求同存异、兼收并蓄的最辉煌最灿烂的中华文明。

五千年来，薪火相传，一脉相承，伟大的中华文化是世界上唯一绵延不绝而从没中断的古老文化，并始终充满了生机与活力，其根本的原因在于具有强大的包容性和广博性，并充分展现了顽强的生命力和神奇的文化奇观。中华文化的力量，已经深深熔铸到我们的生命力、创造力和凝聚力中，是我们民族的基因。中华民族的精神，也已深深植根于绵延数千年的优秀文化传统之中，是我们的根和魂。

　　中国文化博大精深，是中华各族人民五千年来创造、传承下来的物质文明和精神文明的总和，其内容包罗万象，浩若星汉，具有很强文化纵深，蕴含丰富宝藏。传承和弘扬优秀民族文化传统，保护民族文化遗产，建设更加优秀的新的中华文化，这是建设美丽中国的根本。

　　总之，要建设美丽的中国，实现中华文化伟大复兴，首先要站在传统文化前沿，薪火相传，一脉相承，宏扬和发展五千年来优秀的、光明的、先进的、科学的、文明的和自豪的文化，融合古今中外一切文化精华，构建具有中国特色的现代民族文化，向世界和未来展示中华民族的文化力量、文化价值与文化风采，让美丽中国更加辉煌出彩。

　　为此，在有关部门和专家指导下，我们收集整理了大量古今资料和最新研究成果，特别编撰了本套大型丛书。主要包括万里锦绣河山、悠久文明历史、独特地域风采、深厚建筑古蕴、名胜古迹奇观、珍贵物宝天华、博大精深汉语、千秋辉煌美术、绝美歌舞戏剧、淳朴民风习俗等，充分显示了美丽中国的中华民族厚重文化底蕴和强大民族凝聚力，具有极强系统性、广博性和规模性。

　　本套丛书唯美展现，美不胜收，语言通俗，图文并茂，形象直观，古风古雅，具有很强可读性、欣赏性和知识性，能够让广大读者全面感受到美丽中国丰富内涵的方方面面，能够增强民族自尊心和文化自豪感，并能很好继承和弘扬中华文化，创造未来中国特色的先进民族文化，引领中华民族走向伟大复兴，实现建设美丽中国的伟大梦想。

目 录

北方河流

南方河流

北方河流

在我国的北方，奔流着波澜壮阔的大江大河。黑龙江、松花江、额尔古纳河、鸭绿江、塔里木河等，绵延数千里，滔滔东逝水。她们是我们中华民族的血液，她们以浩大的气魄、无私的精神哺育着一朵朵灿烂的文明之花，养育了一个个勤劳勇敢的北方民族。

在我国，秦岭和淮河一线以北的河流，冬季有封冻期，且越向北结冰期越长。这些河流不仅蕴藏着丰富的自然资源，还沉淀着浓厚的文化内涵。

塞北黄金水道的黑龙江

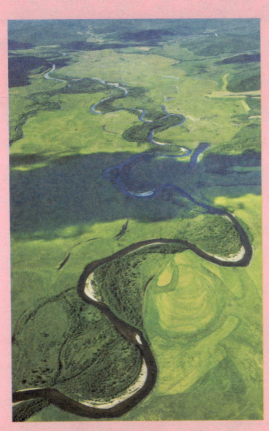

远古时期，在最北方有一条汹涌奔腾的江河，名字叫白龙江。在江边住着一户姓李的人家，男人外出捕鱼种地，女人在家织布做饭。

老李夫妻恩爱，情深似海，就是妻子总是没有身孕，二人很是着急。在婚后第十八年，李妻终于生下了一个胖小子，李老汉与妻子别提有多乐呵了！

有一天，突然间狂风暴雨，方圆百里成了一片汪洋。原来，白龙江里面有一

条大白龙，大白龙每年都要兴风作浪，强迫江边的老百姓为他进贡食物，还必须献出几个童男童女，否则，就要掀起巨浪，让周围几十里变成一片汪洋。

这一年，老李好不容易得来的儿子就成了大白龙的供品，夫妻俩非常悲伤。一年后，李妻又生下一个儿子。这个儿子浑身油黑，体大壮实，特别能吃，李妻的奶水不够，还得四处为儿寻奶吃。

有一天，黑小子在母亲怀中吃奶后，进入梦乡居然现出了原形，又黑又长的龙尾巴伸到了门槛。

李老汉种地回家后，开门看见一个又长又大的怪物趴在妻的怀中，便拿起腰刀一挥，小黑龙的二尺龙尾便被砍掉了，疼痛难忍的小黑龙便飞上了天。

原来，李老汉的黑小子是一条黑龙投生的，具有正义精神的黑龙在天上看见大白龙为害人间，就决定投生到人间，除掉罪孽深重的大

白龙，为人间除害。他看到李老汉夫妻俩还没有儿子，就投生到了李老汉家。

小黑龙不小心现出了原形，被父亲伤害了，但他不怪罪父亲，因为父亲不知道原因。据说，他若再吃上九九八十一天母乳，就将力大无穷，并所向无敌。由于他没有吃上多少奶，又受了伤，他的功力就小多了，但是，小黑龙为民除害的决心没有改变。他悄悄回到人间，钻进白龙江里，希望慢慢长大后再除掉大白龙。

大白龙哪里容得下小黑龙，只要见到小黑龙就咬。由于小黑龙年纪小，功力不够，又被李老汉砍掉了尾巴，总是斗不过大白龙。但是，当地的人们对大白龙是恨之入骨，都盼着小黑龙能够打败大白龙。怎奈小黑龙怎么也打不过大白龙，简直是无计可施。

有一天，观音菩萨路过此地，就教给当地人们一个方法。过了不久，大白龙又要危害百姓了。小黑龙于是全力进行阻止，与大白龙战斗起来。但是，小黑龙由于体力不支，只好浮出水面休息。

　　人们就拿出许多馒头、包子、牛羊、鸡鸭给小黑龙吃。李老汉为了激励儿子，更是挥刀砍断左臂，拿盆接血给小黑龙喝。小黑龙吃饱喝足后，他是精神百倍，斗志昂扬。

　　大白龙见人们送饭、送肉给小黑龙吃，他也想抢着吃。但是，江两岸人山人海，只要他一露出头，人们就一起向他抛白灰，扔石头。最后，大白龙的眼睛烧得睁不开，肚子也饿得受不了，浑身也被砸得疼痛难忍，只好向天上逃跑。

　　这时，以逸待劳的小黑龙飞向天空，向大白龙发起猛烈攻击。小黑龙与大白龙在天空中激战，地面上人们给小黑龙助威加油，声音响彻云霄。

　　小黑龙与大白龙打得天昏地暗，从早到晚，一直没有停止。人们无一散去，都盼望着小黑龙胜利。

　　观音菩萨也来助阵，只见她手握的佛尘一甩，大白龙就像断了线

的风筝，一头扎在了地面上。人们蜂拥而上，举起石头，砸向大白龙，片刻间就将大白龙砸成了肉酱。

从此，小黑龙受到了人们的拥戴，一直维护着江边的安宁，使得人们世世代代享受风调雨顺和安居乐业。从此，人们也把白龙江改名叫"黑龙江"了。

"黑龙江"的满语叫"萨哈连乌拉"，其中"萨哈连"意为"黑"，"乌拉"意为"水"。蒙古语则称"哈拉穆连"，鄂温克语叫"卡拉穆尔"，都为"黑水""黑河""黑江"之意。

黑龙江的历史源远流长，早在旧石器时期，当地就有人类活动了。据我国古代文献记载，黑龙江流域古代民族与中原地区的联系，可以追溯到传说时代的虞舜和夏禹时期。在那时，黑龙江流域便分布着肃慎、濊貊和东胡三大族系的先民。

在公元前20世纪，肃慎族于帝舜二十五年曾入朝贡献弓矢，并献上了戎菽、黄黑等东西。在战国、秦代、汉代时期，黑龙江流域的扶余族，建立了政权，地跨黑龙江的南部，并使用殷历，其祭天、占卜和饮酒等习惯，均与殷商相似。

秦末中原出现战乱，扶余贵族乘机扩大势力，前身为肃慎的挹娄

族被迫臣属扶余，直到3世纪初，挹娄最终摆脱了扶余人的控制。

在曹魏时期，挹娄族遣使向曹魏政权贡献楛矢，建立了直接的臣属关系，曹魏政权便将其划归辽东郡管辖。这是黑龙江地区继春秋肃慎族以后，第一次与中原王朝直接来往，并从此保持融洽的臣属关系。后来挹娄族臣服于西晋，与西晋王朝保持着友好往来。

在5世纪后，挹娄易名为勿吉，在隋唐时期又易名为靺鞨。唐王朝在黑龙江西部设置室韦都督府，在东部设置忽汗州都督府，后又称渤海都督府。在黑龙江下游和乌苏里江汇合地区设置黑水都督府。

698年，粟末靺鞨建国，后来名为"渤海国"。932年，靺鞨族当中的黑水靺鞨转附于正在崛起的契丹，并以契丹人对他们的称呼"女真"为新号。

后来，辽国国主耶律阿保机势力壮大起来，在黑龙江上中游地区设羽厥里节度使、室韦节度使和乌古迪烈统军司，在黑龙江东部地区设女真节度使，在牡丹江以北至黑龙江下游一带设五国部节度使。

1125年，金代替辽，统一了我国北方。渤海人逐渐与女真人融合。内地汉族也大批移民到黑龙江地区，主要在松花江以南五常等地，促进了当地农业的大发展。

1409年，明朝在黑龙江口设奴尔干都指挥使司。明朝后期，起源于黑龙江流域的建州女真族在努尔哈赤领导下，南下建立后金政权，他的儿子皇太极继位后改称女真族为满洲族。

1644年清兵入关，东北地区归盛京总管统辖。顺治年间设宁古塔昂邦章京，辖区包括吉林、黑龙江地区。康熙年间筑黑龙江城，后设黑龙江将军，这是以黑龙江命名的地方区划之始。

在清代初年，爱国边塞诗人吴兆骞被流放到黑龙江，此时正值沙俄匪徒不断侵扰黑龙江流域。

吴兆骞受巴海将军邀请参与宁古塔将军官署文书工作，他几次随军

出征抗击俄国，写下了歌颂黑龙江流域英勇军民的优秀诗篇，其中《奉送巴大将军东征逻察》就描写了巴海远征罗刹（即俄国）的情形：

> 乌孙种人侵盗边，临潢通夜惊风烟。
>
> 安东都护按剑怒，麾兵直度龙庭前。
>
> 牙前大校五当户，吏土星陈列严鼓。
>
> 军声欲扫昆弥兵，战气遥开野人部。
>
> 卷芦叶脆吹长歌，周鞭弓矢声相摩。
>
> 万骑晨腾响戈戟，千帐夜移喧紫驼。
>
> 驼帐连延亘东极，海气冥蒙际天白。
>
> 龙江水黑云半昏，马岭雪黄暑犹积。
>
> 苍茫大碛旌旗行，属国壶浆夹马迎。
>
> 料知寇马鸟兽散，何须转斗摧连营。

  黑龙江两岸住着满、朝鲜、回、蒙古、达斡尔、锡伯、鄂伦春、赫哲、鄂温克、柯尔克孜等10多个民族。在历史上，这些世居的先民们对促进整个中华民族的融合和发展作出了特殊贡献，也留下了各自不同的习俗和民族特性。

  黑龙江在我国境内全长3420千米，与长江、黄河并称为我国三大水系，是黄河水量的5倍，也是世界十大河流之一。

  黑龙江主干流的北源为石勒喀河，发源于蒙古国北部的肯特山东麓。南源为额尔古纳河，源出我国大兴安岭西侧的吉勒老奇山，南北两源在黑龙江的漠河西部汇合后始称黑龙江。

  黑龙江自发源地至黑河为上游，从黑河至乌苏里江口为中游，乌苏里江口至太平洋入海口为下游。

  漠河以上的上游河段，流经大兴安岭余脉与阿马札尔岭松树遮蔽的山坡之间的山谷，因大兴安岭逼近江岸，河面比较狭窄，两岸陡峻，多悬崖，河床坡降较大，滩多流急。

漠河至爱辉段河水较深，河谷逐渐开阔，江面宽达200米以上，有些河段还出现分汊现象。爱辉以下的中游段，河道迅速展宽，在松花江入口附近，江面宽达1.5至2千米左右。

抚远以东江面宽4千米，沿岸地势低平，河床坡度很小，水流委延曲折，江中洲滩甚多。下游在低矮的、河水漫溢的两岸间奔流，进入一片浩茫的沼泽地，水道将地面切割开来，上面点缀着湖泊和水塘。河床多分支，水道变得很宽，形如长形湖泊。

黑龙江江宽水深，水流平稳，给航运带来许多有利条件。小汽船可直达漠河，上源额尔古纳河也可通航木船。但是，由于封冻期长，一年内一般只有半年可以通航。河面封冻后冰层很厚，江面上可以行驶车辆和雪橇。因此，黑龙江就成为了一条"水陆两用"的运输线。

漠河位于我国最北端，夏至时节，白昼最长可达19个小时，又被称作"不夜城"。这里一边依傍滚滚黑龙江，一边倚靠连绵大山，一年四季游人络绎不绝，尤其是每年夏至前后，在神奇的"白昼"之夜

就会目睹到流金溢彩和神奇瑰丽的北极光景象。

黑龙江呼玛河段峰奇滩险、风景秀丽，人称"黑龙江上小三峡"。这里可以沿江观赏异国情调，饱览北国风光，领略鄂伦春民族的生活情趣。

呼玛县白银纳民族乡是鄂伦春民族聚居的地方，凡逢年过节，定居庆典，乔迁新居等，鄂伦春男女老幼便欢聚一堂，举办篝火晚会，分享猎获来的野味，对酒当歌跳起别具特色的民族歌舞，通宵达旦。

黑龙江上的呼玛河是著名的"冷水垂钓"好去处，这里生机勃勃，美丽清新。两岸树木成林，绿意盎然，河中盛产各种冷水鱼，还有哲罗鱼、大马哈鱼等。每年这里都会有很多人特意前来垂钓，人们认为能够钓起一条哲罗鱼，将是一件人生喜事。

呼玛河的风景秀丽，安静自然，宛如豪迈的北国风情中的一缕别样的柔情。

位于呼玛河中部的金山林场的储木场在江上流放木排的情景很是壮观。木排上的把头又称"看水的"，掌管棹，棹相当于船桨，起舵的作用。

放排是否平安，取决于掌棹人的手艺。一般的木排有100多米长，30多米宽，排上能装200多立方米的木材。一个排上放排的人要有七八个人，排上有锅灶和窝棚，能在上面做饭和睡觉。

一般来说，放排是昼行夜宿的，就是说每天晚上要找一个地方"停排"，第二天早晨再"开排"。有时，木排打着漩儿，顺着风势，向下冲着，显得非常惊险，场面令人惊叹。

尹家大炕在黑龙江上游460千米处，狭窄的江面在这里突然变宽，一路奔腾而来的江水一下子安静了下来，宽阔的江面水平如镜，江底平得像一铺大炕，水位低时，经常有船舶在这里搁浅，被船员们戏称为"上炕了"，尹家大炕也就因此而得名。

再往下游70千米处，有一段长约两三千米的峭壁，随着弯曲的江道，呈弧形状直立出水面，就像是一座从水中拔起的巨大的回音壁，这便是过往船员们津津乐道的"冒烟山"。

这里白天经常在山壁间冒出缕缕白烟，烟大时还会弥漫到周围村子里来。有时还会出来一团团火球，有时还有如同火山岩浆般的通红石流滚滚流入江中。

由于雨水冲刷的缘故，这里形成了沿江5千米长，呈弧状型的山体横断面，色彩各异，与江水相映，极为壮观。清康熙年间诗人与画家方式济在《龙沙纪略》写道：

> 察哈盐峰在黑龙江东北隅，山形如剖壁……土色黄赤……深黑火光出带间，四时腾炽不艳，大雨则烟煤入雨气中。巡边春舟过其下，续长竿取火为戏。

所以，我国在察哈彦的地理位置上标了个火山的记号。但也有人认为是山的横断面有煤岩层，遇氧后冒起白烟的。后来燃烧的面积很大，很远就可以看见烟雾缭绕，夜间航行时，燃烧着的火团顺着峭壁滚落到江中，火团在半空中散开，似流星坠落，似礼花绽放，堪称为黑龙江上的一大奇观。

后来"冒烟山"上自燃的面积越来越少了，但仍然可以看到山顶上、夹缝中冒出的缕缕青烟，如同常年不断的香火，保佑着航行的船舶一路顺畅。

当下航船舶航行到356千米时，迎面有一座石山挡住去路，石山一直伸到江中心，船员们称其为"迎门碰子"，江水在这里来了个急转弯，浩浩荡荡的江水打着漩涡冲向石碰子，水流湍急，流向多变，此时如果航船操控不当，很有可能被急流摔到岩石上。

迎门碰子是黑龙江上最险的一段，俗话说："迎门碰子鬼门关，十艘穿过九艘翻"。这里汹涌的激流和重重的漩涡，能够让人感受到什么境界才叫心惊肉跳，什么时候才会高声尖叫。

在这里，只见迎门碰子以整座山峰之躯而迎面矗立于江水之中，自上游而来的滔滔江水，汹涌地愤怒地直面冲向山体，然而迎门碰子坚如磐石，岿然不动，受阻后的江水只得委屈地急转直下而从迎门碰子的身侧流过，这时江水变得更加湍急，从而形成了重重的漩涡，令人望而生畏。

自上游而来的大小江船，沿着航道顺着水流都会直奔迎门碰子快速撞去，这时候就需在距迎门碰子几十米处急速转向，才能绕过迎门碰子安全通过。这样的险境，这样的险情，全凭驾驶者冷静的头脑、娴熟的技艺、丰富的经验和果敢的判断来化险为夷、渡过险关。

在233千米处，有一座山像一条巨龙沿江伏卧，龙头伸到江中，这就叫"龙头山"，传说这里就是小黑龙与大白龙战斗的地方。

接着就是被当地人称为"八十里大湾子"的江湾，这是一处狭长的半岛，岛这边到岛那边的直线距离也就是三五千米，而船舶在这里却要绕行40多千米，要绕一个巨大的"S"形弯子，故得此名。

许多船队航行到这里时，长时间工作在船上的船员们都要在这下船，沾沾泥土地，再徒步翻过一座山梁等着绕行的船舶，以这种特有的方式，尽情地休闲一下。江湾也有"天下第一湾"的美誉。

　　龙骨山位于嘉荫县城西，山呈丘陵状，山体靠江边一侧十分陡峭，有裸露出的黄土和褐色、白色的风化土石。在龙骨山脚向上约三四米处立有一块龙骨山标志碑，十分醒目，沿山体上攀，似登悬崖峭壁，令人心怵。

　　据说在嘉荫龙骨山埋藏有上百具完整的白垩纪晚期鸭嘴龙、霸王龙、似鸟龙等恐龙化石骨架，是研究白垩纪晚期恐龙繁衍和灭绝的珍贵资料。嘉荫龙骨山是我国首次发现恐龙化石的地方。恐龙化石堪称为无价国宝。

　　在黑龙江中游南岸支流库尔滨河上，有著名的逊克大平台雾凇风景区，每年的11月下旬至第二年的3月，只要不刮风下雪，每天都有。遍山皆雪，漫天皆白。大自然用雾做原料，用风作笔，把天地万物绘成了一个晶莹剔透的世界。

在阳光照耀下，一切仿若琉璃初成，冰清玉洁中流转光华。有的似雪莲盛开，有的似白菊含苞，有的像一棵棵巨大的白珊瑚，殿阁披上了柔软的轻纱，大地铺展开洁白的毡毯。

雾凇是其学名，我国是世界上记载雾凇最早的国家。千百年来古人对雾凇有许多称呼和赞美。古书《春秋》称之为"树稼"，1500年前的文献《字林》里第一次出现"雾凇"一词，解释为：

寒气结冰如珠，见日光乃消，齐鲁谓之雾凇。

黑龙江天然形成的九曲十八弯，景致更为壮观。特别是在每年6至9月的100多天里，早晨3时至9时登上高处俯视黑龙江，江畔层峦叠翠、江上云雾缭绕、其形状变幻无穷，或山、或峰、或汹涌的潮水、或万马奔腾、令人如临仙境，心旷神怡。

黑龙江上景点繁多，景色迷人，除了著名的有迎门碰子、冒烟山、龙骨山等，还有象鼻山、七女峰等景观。那石门崖、龙头崖、鬼见愁等，壁立千仞，如同各种猛兽的形态；而"观音壁""佛祖

崖""阎王鼻子"等，更是鬼斧神工，令人叹为观止。

黑土地是大自然给予黑龙江流域得天独厚的宝藏，这里土壤好、肥力高，非常适合植物生长，夏季"雨热同季"的气候优势，可促使一年生作物迅速生长，是我国大豆、水稻、玉米、小麦等主要粮食作物的主产区，也是棉花等经济作物的重要种植区。

黑龙江流域山岭耸立，平原较集中，森林茂盛，植被良好。河流众多，土地肥沃，生物种类繁多。由于这里平均气温一般比同纬度其他地区低5至8度，寒冷气候适于耐寒力很强的红松和落叶松等珍贵树种生存，流域内后来有野生植物达2100余种。

属国家珍稀保护树种有黄菠萝、红松、樟子松、兴凯湖松、东北红豆杉、水曲柳、蒙古栎、核桃楸、钻天柳、山槐10种。主要乔木用材树种有红松、落叶松、冷杉、云杉、山杨、白桦、紫椴、康椴等。

除了树种外，野生经济植物蕴藏量也较大，有十分广泛的用途，很有开发利用的价值。药用植物主要有人参、灵芝、北五味子、龙胆、升麻、防风等；野菜、野果类植物主要有蕨菜、薇菜、松茸、元蘑、榆黄蘑、山葡萄、狗枣、猕猴桃、山梨、樱桃等；蜜源植物主要有椴树、山梨、山楂等，在花期是养蜜的良好蜜源。

黑龙江流域非常适于耐寒的珍贵皮毛动物和脂肪丰富的鱼类繁衍生息，下游约有100种鱼，上游约60种。有包括鳇鲟鱼、大马哈鱼等在内的约25或30种鱼，具有较高的商业价值。

其中，黑龙江的一大特点是，大量鱼类在海中发育，以避免遭受夏季河中出现的水位急遽变化的损害，然后再回游到黑龙江生长。

黑龙江流域连绵的山地和广阔的沼泽地，是动植物的资源宝库。天鹅、丹顶鹤、东北虎、东北豹、麝等珍稀动物在这里栖息，其中属国家一级重点保护的种类有紫貂、貂熊、豹、虎、梅花鹿等。

鸟类分布约占全国鸟类种数的29％，其中属国家一级重点保护的有丹顶鹤、中华秋沙鸭、白鹳、金雕等。

知识点滴

镜泊湖位于黑龙江东南部张广才岭与老爷岭之间，是历经五次火山爆发，由熔岩阻塞河流形成的高山堰塞湖，是世界上少有的高山湖泊。镜泊湖以天然无饰的独特风姿和峻奇神秘的景观而闻名于世，是国家著名风景区和避暑胜地。

关于镜泊湖有一个美丽传说，相传很久以前，牡丹江畔住着一个美丽善良的红罗女，她有一面宝镜，哪里的人们有苦难，她只要用宝镜一照，便可以消灾避祸。这件事传到了天庭，引起了王母娘娘的忌妒，她派天神盗走了宝镜。红罗女上天索取，发生了争执，宝镜从天上掉了下来，就变成了镜泊湖。

黑土地上的母亲河——松花江

传说在很久以前，黑龙江地区依山傍水，林木茂盛，那时的兴安岭和长白山紧紧相连，纵横交错的江河湖泊直通大海。其中有一个长满莲花的大湖，叫莲花湖，不论冬夏，湖面上总是铺满各色荷花，姹紫嫣红，一年四季常开不谢。

在荷叶底下，成群结队的鱼和蛤蜊游来游去，每个蛤蜊壳里，都含着一颗溜光锃亮的夜明珠。在星光灿烂的夜晚，天上地下，瑞气千条，霞光万道，整个大湖，简直跟"聚宝盆"一样。

在这块宝地，不知何时，闯进一条白翅白鳞的恶龙，起初它在湖底不声不响，慢慢地越来越放肆，动不动就翻江倒海，常常把澄碧湖水搅得底朝天。最后，荷花谢了，鱼没了，蛤蜊也闭了嘴，夜明珠也不再闪了。一湖清水从此变成了臭烘烘的死水。

有时，白龙"炸翅"，立时洪水翻滚，天昏地暗，方圆几百里的良田就变为了一片泽国。白龙为非作歹，惹怒了东海龙王。龙王就派黑翅黑鳞的黑龙去降伏白龙。第一次作战，黑龙一路呼风唤雨，电闪雷鸣，还抖动捆龙锁吓白龙。

白龙知道来了劲敌，就吃饱喝足躲在暗处。黑龙在莲花湖上叫阵了半天也没看见白龙的踪迹。等黑龙累了，白龙猛地蹿出水面，轻松地就把黑龙打退了。

第二次，黑龙顺着江底悄悄而来，可无论它游到哪里，都会把水染得漆黑，白龙很快就察觉了，这次黑龙又是大败而归。黑龙总结失败原因，明白必须首先隐藏好自己，才有可能突袭获胜。

第二年夏天，松树开花，洁白一片。有的花落在水面上，把江河湖泊都盖住了。黑龙受到启发，于是它去长白山和兴安岭，找山神借来山上全部松树花，然后把松树花洒满大江大湖，把江面罩得白茫茫的。

黑龙有了松树花的掩护，就打败了白龙。一败涂地的白龙一头扎进五大连池，从此不敢出来了。可是松树却再也不开花了。为了纪念松树花做出的贡献，人们就把黑龙游过的这条江叫作松花江。

松花江在女真语中称为"阿速古儿水"，满语称之为"松阿里乌拉"，鄂温克语为"松嘎里毕拉"。松花江在古代是东北流至鞑靼海峡的最大河流，后来改为黑龙江的支流，也是黑龙江在我国境内最大的支流。

松花江历史悠久，在东晋至南北朝时，上游称速末水，下游称难水；在隋、唐时期，上游称粟末水，下游称那河；在辽代时，上下游均称混同江、鸭子河；在金代时，上游称宋瓦江，下游称混同江；在

元代时，上、下游统称为宋瓦江，在明朝宣德年间更名为松花江。

698年，粟末靺鞨首领大祚荣在松花江支流奥娄河，后来的牡丹江上游附近，建立了震国。

时隔不久，大祚荣即接受唐朝的领导，不仅成为大唐帝国册封体制下的一个地方民族政权，而且也是唐朝体系下的一个地方羁縻州府，并始终履行包括朝贡、朝觐、贺正、质侍在内的各项义务，与唐王朝之间在政治、经济和文化等各个方面，保持着频繁和密切的交往。

大祚荣因此受封为渤海郡王，此后，他的辖区即以渤海为号。唐朝著名诗人温庭筠《送渤海王子归国》，记载了这段大唐和靺鞨友好往来的历史：

疆理虽重海，车书本一家。

盛勋归旧国，佳句在中华。

定界分秋涨，开帆到曙霞。

九门风月好，回首是天涯。

历史走过几百年后，辽国皇帝耶律阿保机兴起，于926年灭亡了渤海国，改渤海国为东丹国，任长子耶律倍为东丹国王。从982年开始，辽国直辖东丹。

1112年春天，辽国天祚帝耶律延禧到松花江畔春州巡游，举行松花江凿冰取鱼的头鱼宴。在宴会上，他命令当地女真各部酋长都来朝见，并在宴席上依次跳舞，为他饮酒助兴。

众酋长虽然都很反感这种带侮辱性的做法，但十分畏惧辽国，只好忍辱服从。在座的人当中，只有年轻的完颜阿骨打一个人公然拒绝跳舞。

后来，完颜阿骨打在松花江畔建筑城堡，修理武器，训练人马，逐步统一了女真各部，最终取代了辽国，成为了金国的开国皇帝。

金国是第一个用路府州县建制，将东北统一起来的王朝，为后来我国东北版图的建立奠定了基础。

金国最早的都城建在阿什河左岸。阿什河是松花江干流南岸的支流，唐代称"安车骨水"，金国称"按出虎水"，明朝称"金水河"，清初称"阿勒楚喀河"，后来改称"阿什河"。

到了清代，松花江的政治经济贡献越来越重要，清王朝一方面对松花江流域实行了200余年的森林封禁，使该地区面积巨大的森林保存完好，另一方面又适度放开招垦政策，招徕流民，劝农开垦。

1682年，29岁的康熙帝率领文武大臣出关东巡，来到松花江，写下了一首赞美松花江的《松花江放船歌》：

松花江，江水清，夜来雨过春涛声，浪花叠锦绣縠明。

采帆画鹢随风轻，箫韶小奏中流鸣，苍岩翠壁两岸横。

浮云耀日何晶晶？乘流直下蛟龙惊，连樯接舰屯江城。

貔貅健甲毕锐精，旌旄映水翻朱缨，我来问俗非观兵。

松花江，江水清，浩浩瀚瀚冲波行，云霞万里开澄泓。

　　松花江每年通航期约200天，到了冬季，气候严寒，有时会降至零下三四十度，结冰期长达5个多月。冬季河流封冻，但江面冰厚，可通行汽车、牵引机，交通非常便利。

　　千百年来，即便是在江水被冰封后，渔民们也会在松花江面上钻孔捕鱼。因为冬季捕鱼易于保存运输，而且冬天的鱼格外肥美，所以这一古老的冬捕方式一直延续着，千年不变。

　　每年4月中下旬，东北大地冰雪消融，万物复苏。松花江等江河的冰层也逐渐地融化解体，形成了一块块大小不一、形态各异的冰块。冰块在水流的作用下浩浩荡荡，顺江而下，这就是著名的松花江"跑冰排"。

　　松花江的"跑冰排"按颜色分上下两层，浮在水上面部分洁白如雪，水下面部分是透明的，晶莹剔透，像是春节冻的冰灯。冰排的形状各异，有三角形的，有梯形的，更多是不规则多边形的，大小也不

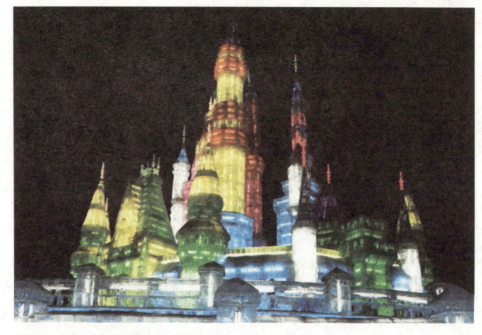

相同，最大的有几间房子那么大呢！

冰灯是松花江流域一种特有的民间艺术，每当千里冰封的季节，家家户户的屋檐下，便会悬挂起一盏盏别出心裁的自制冰灯。所谓冰灯，是真正用冰制成像玻璃一样的灯罩，可以点上烛火。

根据东北文献记载，早在清代已有冰灯制作，初期的冰灯，不过是当地贫穷人家过年过节时张挂的一种简陋装饰，开水冻的冰灯是透明的，凉水冻出来的冰灯是白色的，其后才逐渐发展成为造型复杂、多姿多彩的冰雕艺术品。

冬季的松花江结冰厚达 1 米多，将冰开凿下来，重新砌合在一起，可以雕刻成楼台亭榭、银桥古刹，也可以雕刻成古今人物、飞禽走兽和花草虫鱼等。雕塑物生动逼真、栩栩如生。白天看上去晶莹剔透，夜晚则熠熠生辉，更加可爱。

松花江水系发达，支流众多，流域面积大于1000平方千米的河流有86条。松花江由头道江、二道江、辉发河、饮马河、嫩江、牡丹江等大小数十条河流汇合而成，主要有南北两源头。

流域内包括嫩江、第二松花江和松花江干流，嫩江和第二松花江在三岔河汇合，干流从这里到同江市注入黑龙江，形成了一个完美的"人"字。

南部源头是松花江的正源，发源于东北屋脊长白山主峰的天池，松花江上中游河谷狭窄，水量大，落差大，水力资源丰富。

松花江北部源头即嫩江，是松花江最大支流。嫩江发源于大兴安岭支脉伊勒呼里山中段南侧，源头称南瓮河，与二根河汇合后称嫩江，自北向南流至三岔河。

南北两源头三岔河镇汇合以后始称东流松花江。东流松花江自三岔河附近向东北方向奔流，江面开阔、平缓、水深。沿途又接纳了呼兰河、汤旺河、拉林河、牡丹江等许多支流。它穿过小兴安岭南端谷地，在同江附近注入黑龙江。

由于它穿行小兴安岭山谷，夏季山地多雨，洪水暴发，流水呈淡黄色，具有明显的山区河流性质。它注入黑龙江后，形成南黄北黑的水色，人们把这一河段称为"混同江"。

松花江流域一大特点是湖泊沼泡较多，大小湖泊共有600多个，如镜泊湖、月亮泡、向海泡和连环湖等。

松花江、图们江、鸭绿江的三江之源都是著名的长白山天池，位于长白山主峰火山锥体的顶部，是我国最大的火山口湖。

天池四周奇峰林立，湖水深幽清澈，像一块瑰丽的碧玉镶嵌在群山环绕之中。集瀑布、温泉、峡谷、地下森林、火山熔岩林、高山大花园、地下河、原始森林、云雾、冰雪等景观为一体。

镜泊湖是我国最大、世界第二大高山堰塞湖，由百里长湖、火山口原始森林、渤海国上京龙泉府遗址3部分景区组成，以湖光山色为主，兼有火山口地下原始森林、地下熔岩隧道等地质，及唐代渤海国遗址为代表的历史人文景观。

向海泡是一片湿地，湖泊水域，碧水长天，泡泽相连，怀拥着万顷香蒲芦苇，芦花蒲絮飘然轻扬。连绵起伏的沙丘上生长着千姿百态

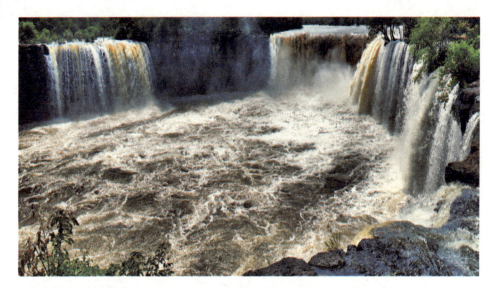

的黄榆，一簇簇、一片片，如伞如盖、如织如麻。

连环湖是松嫩平原上一个大型浅水湖泊，湖区范围内的陆地地势低平。乌裕尔河和双阳河尾闾的河水到了这片低洼的土地，便滞留成为一组大型湖泊群，由18个湖泊联合组成。这些湖泊之间以芦苇荡与岛屿相分离，高水位时水域相通，形成连环湿地。

松花江上的雾凇岛，以雾凇多而得名。这里的地势较吉林市区低，又有江水环抱。冷热空气在这里相交，冬季里几乎天天有树挂。岛上的曾通屯是欣赏雾凇最好的地方，曾有"赏雾凇，到曾通"之说。

四季如画的太阳岛位于松花江北岸，以其美丽而独特的自然生态环境，享誉大江南北，声名鹊起，成为誉满国内外的风景名胜区。

"太阳岛"名字的由来，有专家考证，松花江盛产的鳊花鱼，满语中称其为"太宜安"，"扁长"之意，读音与汉语中"太阳"相似，加上"岛"字就成了"太阳岛"。

狗岛是松花江泛洪区自然形成的梭形岛，为河漫滩湿地。据考证，元代时期这里曾经设立过驿站，据《辽东志》记载：

狗站，每站设驿卒20户，狗200只，狗车若干辆……夏月乘船，小可承载。冬月乘爬犁，乘二三人行冰上，以狗驾拽，疾如马。

狗岛由此而得名。后来的狗岛片片草甸，层层叠叠，黄绿相间，形成了岛中有水、水中有岛、枯水成池的景象，曲路环水，江岛相连，水泡内的水生植被、苔草、塔头是这里得天独厚的景观。

松峰山景区内群峰耸立，形状各异，均因其形而得名，如主峰像一个高插云天的大烟筒，其名就叫烟筒峰。有的支峰像乳房，其名就叫双乳峰。有的像张嘴怒吼的大狮子，其名就叫狮张嘴峰。群峰之上古松参天，松涛阵阵，人们便称其为松峰山。

在石景峰下有遗存的两座庙宇，一为海云观，一为藏经楼，据说建于清朝嘉庆年间，留有拜斗台、石井、山泉井、围棋盘、石宝、老道观等遗迹。

海云观依山而建，背靠陡崖，右边石阶通往拜斗台。拜斗台是道士们参星拜斗的地方。左侧攀峭壁可达围棋盘，巨石上面刻有棋盘。

在南坡半山腰处有一天然石洞，洞上刻有"太虚洞"3字，洞内有若干石碑。其中金代承安四年的石碑碑文铭记了清山教祖在此修建海云观庙宇的事迹。

松花江如一条绿色飘带横贯东北黑土地，虽然它是黑龙江的支流，却在经济和社会意义上远远超过了黑龙江，她就像充满乳汁的母亲一样，滋养着两岸儿女，因此称之为东北黑土地的母亲河。

月亮泡原名运粮泊。那是在辽金时代，当年金兀术率兵南下，与南宋军在中原对峙，月亮泡便成为金兀术向南方运粮草的交通要道，运粮泊由此而得名。

据说金兀术有一次黑夜运粮，船迷失了方向，于是兵士们就齐声高呼："月亮、月亮啊，你快出来吧！救救我们，我们永远忘不了您呀！"。

说也奇怪，天空忽然云开雾散，水面上风平浪静，不仅露出了月亮，而且格外明亮。有了这一转机，粮船顺利抵达了彼岸。为了纪念这次运粮的胜利，感谢月亮的恩赐，金人从此便把运粮泊改为月亮泡，而且一直流传着。

知识点滴

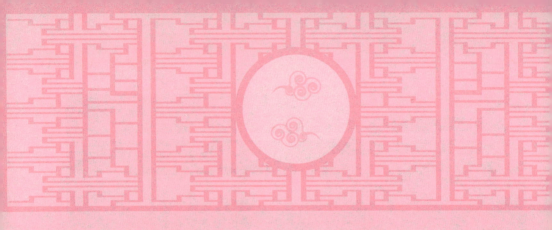

镶着金边的额尔古纳河

在远古时期，蒙古族部落与突厥部落发生了激烈战争。由于蒙古部落势单力孤，被突厥部落打败了，蒙古部落仅剩下两男两女幸存了下来，他们逃到了额尔古纳河畔的额尔古涅昆山中隐居了起来。

后来，他们的子孙繁衍兴盛，分为了许多支系，狭小的山谷不能容纳这么多人了，于是他们就迁至宽阔的草原上居住了。

其中一个部落的首领名叫勃儿帖赤那，意为苍狼，他的妻子名叫豁埃马阑勒，意为白鹿，他们率领本部落的人迁到斡难河源头不儿罕山定居了下来。

这一传说充分反映了蒙古先人从额尔古纳河西迁的重要史实，并非单纯民间传说，他们迁移的时间应是在唐代末期。

苍狼与白鹿是蒙古族的远古图腾，而额尔古纳河苍狼与白鹿的神话传说，恰恰反映了蒙古先民的图腾观念。因此，额尔古纳河是蒙古族的母亲河，是蒙古族的发祥地。

额尔古纳河是黑龙江的正源，在五代后晋时官修的史籍《旧唐书》中称"望建河"。望建河是通古斯语，即鄂温克语的音译，意为鄂温克江。

额尔古纳河在历史典籍《蒙古秘史》中称为额尔古涅河，在史书《元史》中称为也里古纳河，在史书《明史》中称为"阿鲁那么连"，自清代开始称为额尔古纳河。

物华天宝的额尔古纳养育了蒙古族的先祖。据史书记载，蒙古族属于东胡系，是由室韦部落的一支发展而来的。大约在 7 世纪以前，居住在额尔古纳河一带，在我国唐代史籍中称为"蒙瓦"，史书《辽史》中称为"萌古"。

大约到了9至11世纪，蒙古族西迁到鄂嫩河上游不尔罕山，即大肯特山和克鲁伦河一带，形成了尼鲁温蒙古和迭儿列斤蒙古两大分支。

后来，尼鲁温蒙古的部落之一孛儿只斤部，出了一位大英雄铁木真，他最终完成了统一蒙古各部的事业，于公元1206年建立了强大的蒙古汗国，他被拥戴为大汗，这就是成吉思汗。

从额尔古纳河岸密林中走出来的强悍民族通过长期战争，先后并西辽、亡西夏、灭金朝，于1279年实现了大统一，建立了大元王朝。

成吉思汗建立蒙古汗国之前，额尔古纳河地区一直是迭儿列斤蒙古弘吉剌部的游牧地。历史上弘吉剌部是蒙古声名显赫的贵族部落，也是一个盛产美女的部落。

成吉思汗的母亲、妻子、儿媳、孙媳等都出自于这一部落，事实上，成吉思汗的嫡系子孙代代都与弘吉剌部落联姻。1237年，成吉思汗的继承人窝阔台汗专门为此下旨：弘吉剌氏"生女为后，生男尚公

主，世世不绝"。

成吉思汗的弟弟哈布图·哈萨尔被分封在额尔古纳河，后来在额尔古纳河畔黑山头，还留有哈撒尔王府的遗迹。

黑山头哈撒尔王府遗址分内城和外城，城墙均为土筑。其城址坐北朝南，气势宏伟，有东西两座小门，城外亦有壕。整个建筑呈"干"字状，址内花岗岩圆形柱础排列有序，址内琉璃瓦、青砖、龙纹瓦当和绿釉覆盆残片俯拾皆是。

在黑山头附近的根河河道中，有一座隆起的小山，称小孤山。山顶有一烽火台遗址，据说当年哈撒尔为了从军事上确保城堡的安全，曾在小孤山顶上设置瞭望哨，派士兵日夜轮流瞭望。

小孤山下的河水深不见底。传说水下有洞，里面藏着成吉思汗的财宝。这个传说从侧面反映了，额尔古纳河是个蕴藏着丰富宝藏的好地方。

很多梦想发财的人不远千里，寻找额尔古纳河一条仅14千米长的小支流，这条小河名叫"老金沟"，又称"胭脂沟"，这里以盛产黄金而闻名于世。

胭脂沟的发现已有100多年历史了，这里的沙土已被筛淘过几十遍，但是，仍可以淘到黄金，可见黄金储量之丰富。

据说，1877年，一位鄂伦春老人在此葬马掘穴，发现许多金苗，他在胭脂沟河底捞起一把河沙，河沙中金沫几乎占了一半。这一消息很快传开，经过鉴定，其中含纯金87.5%、白银7.9%，其他杂质4.6%。

由于金矿被盗采严重，黑龙江将军多次上奏朝廷要求自行开采，直到1887清政府才接受了建议，并指令北洋大臣李鸿章督办，调吉林候补知府李金镛主持办理漠河金厂。

李金镛经过实地考察后，于1888年正式上山开矿，创办漠河金厂，仅1889年清政府从这里获得黄金就达2万两，1895年获5万多两。由于李金庸清正廉洁，不辞辛苦，苦心经营，胭脂沟的黄金开采达到

了鼎盛时期。据不完全统计，胭脂沟1908年产黄金达27万余两。

1890年，李金镛病故，李鸿章奏请光绪皇帝恩准，在漠河上道盘，就是后来的金沟林场所在地附近为李金镛建祠堂一座，祠堂内有木雕像一尊。

额尔古纳河的上游海拉尔河源自于牙克石，流至阿巴该图山附近，始称额尔古纳河，流到洛古河后始称黑龙江。

额尔古纳河上、下游流域地形差异很大，阿巴盖堆至黑山头为草原丘陵区，地势平坦，河谷开阔，多湖泊沼泽，水流分散，杂草、柳条丛生。自右岸根河、得尔布干河、哈乌尔河流入后水量大增。

自呼鲁海图至吉拉林河段河谷变得狭窄，河中沙洲和岛屿较多，河水变深。自吉拉林以下，河水进入峡谷，河谷更窄，两岸山地陡峭，河床稳定，水流平稳，河面宽广，是良好的航道，而且水能资源丰富。

额尔古纳河沿途汇集了海拉尔河、根河等1800多条大小河流，因此，沿岸地区水草丰美，土地肥沃，森林茂密，鱼类品种很多，动植

物资源丰富，宜农宜牧，是人类理想的天堂。由于鱼类繁多，资源丰富，额尔古纳河被誉为镶金边的界河。

额尔古纳河上游海拉尔附近的西山，是我国唯一以樟子松为主体的国家级森林公园。森林公园总面积1.4万公顷，水域面积约1333公顷。

西山公园有天然樟子松4600余棵，其中百年以上的古松有1000多棵，最高的树龄达到500年。樟子松又称海拉尔松，属于欧洲赤松的一个变种，是我国北方珍贵的针叶树种，是亚寒带特有的一种常绿乔木，有"绿色皇后"的美誉。

沿着额尔古纳河，在牙克石东北180千米，大兴安岭主脊东坡下，有一片乌尔旗汉原始森林。这里古木参天，遮天蔽日，松涛阵阵，鸟鸣声声，小草生翠，野花吐香。

额尔古纳河附近的莫尔道嘎山峦起伏，古木参天，植被丰富，溪流密布，处处展现幽、野、秀、新的风采，以其林海、松风、蓝天、白云的夏季风光，和冰峰、雪岭、严寒、雾凇的冬季风韵而著称。

在莫尔道嘎12千米处，有一片占地1900多公顷的偃松林，其偃松面积之大、密度之高在林区实属罕见。

　　登上莫尔道嘎16千米处的山巅，极目远眺，大兴安岭的深邃与辽阔尽收眼底，九重山一览无余，"一目九岭"因此而得名。

　　在此处观山，但见山连山，岭接岭，山外有山，岭外有岭。阳光下山形多样，层次分明，九重山岭山岚浮绕，如丝如絮。

　　莫尔道嘎30千米处的熊谷山高谷深，森林茂密，溪流奔涌，野果繁生，是野生动物的天然栖息地，因时有棕熊、野猪出没而得名。

　　每到冬季，这里白雪皑皑，天地间冰清玉洁，浑然一色。山林雾气凝重，满山遍野，雾凇悬挂，营造出人力所不能及的童话世界，是观赏兴安雾凇的少有的好去处。

　　龙岩山位于莫尔道嘎镇中东侧，海拔1千米，东西长约35千米，西坡横田一条长200余米的龙形巨岩，龙头高耸，威武峥嵘；龙身苍劲，铁骨铜甲；龙尾挺峭，深藏山中。龙岩山因此而得名。

　　莫尔道嘎著名的水域景点"九曲松风"处于激流河上，又称乞贝尔茨河，是北部原始林区水面最宽、弯道最多、落差最大的原始森林河。它发源于大兴安岭西北麓，全长480千米，河网呈树枝状，河流水流量充沛。

　　汇河口位于扎兰屯浩饶乡西南，有绰尔河、托欣河两河在此处相

汇，形成了巨大水面，两河相汇后犹如巨龙在山脚下咆哮东流，当地称作汇河口。

汇河口两岸山岩高耸入云，如擎天玉柱直插苍穹。抬眼远眺，不禁使人心旷神怡，襟胸开朗。汇河口风光四季景色不同，情态迥异，各有巧工难描之妙。天然景色，有观赏不尽之美。

知识点滴

蒙古部落从额尔古纳河向西迁徙之初，大概因为北岸被敌对部落所盘踞，所以选择额尔古纳河南岸的路线西迁。他们把初冬的枯水期作为迁徙时间，沿安格林河而上，翻过莫尔道嘎河谷与得尔布尔河谷之间的分水岭，进入得尔布尔河谷。

这时候，已经进入夏秋季节，得尔布尔河谷林木繁密，没有人烟，迁徙的队伍找不到前进的道路，于是烧山开路。林火熔化了裸露在地表的铅锌矿脉，给蒙古族留下了特别深刻的记忆，因此，蒙古族史有一段"烧山化铁"的传说故事。

永远奔腾不息的鸭绿江

据说在很久很久以前，天上有几个仙女，她们从小住在天宫里，每天看到的全是珍珠玉石的亭台楼阁，金银铺就的道路，虽然金碧辉煌，但终究缺乏生气。

这一天，她们来到关东长白山的天池，看到四周奇峰林立，水面明亮如镜，波澜不起，如同仙境瑶池。几个仙女被这奇妙的风光迷住了，其中一个说："姐妹们，咱们下去洗澡吧！"

其他仙女说："好"。

于是仙女们脱了衣裳，跳进天池，互相泼水嬉戏，玩了个痛快。玩累以后，她们才开始慢慢洗头发，洗身体，把自己浸泡在池水中，并欣赏着眼前的水色山光……

不知不觉中，太阳落到西山，天色变得昏暗，仙女们想起该回天庭了，便急忙跳上岸穿衣裳。这时大家才发觉所有衣裙全被水溅湿了。她们把一件件衣裙拿起来用力地抖，那些衣裙全变成鸭绿色了，抖下的水也成了鸭绿色，并顺着山谷往下流淌，水流汇聚在一起，逐渐变成了一条江。

这条江的颜色好似雄性野鸭头颈的颜色，于是人们就叫它鸭绿江。后来纪传体断代史书《新唐书》记载说：

有马訾水出靺鞨之白山，色若鸭头，号鸭渌水。

鸭绿江名称的来源还有另外几种说法：一种是上游地区有鸭江和绿江两条支流汇入，故合而为一，合并称为"鸭绿江"。

另外一种是鸭绿江为满语的音译，即鸭绿乌拉的读音，在满语中是"土地的边端，疆界的分野"之意，即为"边界之江"。

　　还有一种说法认为："鸭绿"为这条河流中生长着的一种鱼。这种鱼现在鸭绿江上游的长白镇到临江一段仍有生长，其满语的读音写为"雅罗"，江是因鱼而得名。

　　鸭绿江，古名马訾水、浿水，到了后汉、三国、晋代，有过奄利水、淹水、施淹水、淹滞水等称谓。晋武帝曾经此临流观赏，因水流湍急，如箭离弦，改名为"箭川江"，后来又改"箭"为"剑"。隋炀帝年间，鸭绿江的名字开始出现。

　　唐初，唐太宗李世民路过鸭绿江，一度将鸭绿江改称"洗袍河"。后来，唐代大将程名振进军高句丽，史书再次提到鸭绿江，从这个时候起，鸭绿江的名称正式确定下来，再未做大的更改。

　　其实，"鸭绿"一词为古阿尔泰语，"匆忙的、快速的"意思，形容水流湍急状态；满族语称为雅鲁乌拉、鸭绿乌拉，音意混译为雅鲁河、鸭绿河，或雅鲁江、鸭绿江。

　　鸭绿江的得名还有可能来自于沃沮、勿吉、粟末靺鞨人的南迁，他们过去居住在乌苏里江和黑龙江中下游地区，进而又用自己的族称重新为浿水命了名鸭绿江。

　　人们又把他们这些居住在湍急的河水岸边的族群称为雅鲁河人，或者他们自称为雅鲁氏。而随着他们的迁徙，他们把"雅鲁""鸭绿"这个词语带到了他们生活的地区。

　　鸭绿江流域人类活动史可追溯到50万年前。但直至3000年前，仍处于部落时代。

　　辽金时期至明朝末年，曾有大批的女真人部族沿江居住，史称"鸭绿江部"，为明末建州女真长白山三部之一，1591年，被努尔哈赤所兼并，成为清朝八旗中的主要力量。

明太祖朱元璋收复元朝统辖的辽东地区时，为了这条界河专门写了一首诗《鸭绿江》：

鸭绿江清界古风，强无诈息乐时雄。

逋逃不纳千年课，礼仪咸修百世功。

汉代可稽明载册，辽征须考照遗踪。

情怀造到天心处，永世无波戍不攻。

鸭绿江发源于长白山主峰的长白山天池，然后流向西南，流经我国吉林、辽宁，在辽宁丹东东港附近注入黄海北部的西朝鲜湾。全长795千米，在我国境内流域面积约为3.25万平方千米，入海口是我国大陆海岸线的最北端。

气势恢宏的鸭绿江大峡谷在长白山南麓距天池30多千米的原始森林中，中间有中朝界河鸭绿江流过。两侧悬崖绝壁如削，中间奇峰异石林立，两边谷壁的巨大石峰、石柱、石笋、石墙，如古堡耸立、石笋破土。两壁火山岩和火山碎屑，经数百年的风雨剥蚀，形成千姿百态的图案，向人间展示鸭绿江大峡谷壮丽奇观。

鸭绿江上游40千米处的云峰湖两岸高山耸立，怪石嶙峋，古木参天，树种繁多；峡谷深邃，云雾缭绕，使人如入仙境，如置画中。逆流而上，山势雄伟险峻，峰峦秀丽多姿，云雾变幻莫测，飞流叹为观止；泛舟湖上，极目远眺，水色天光，烟波浩渺，如梦如幻。

金银峡位于鸭绿江畔中上游，这里江阔水稳，山清水秀，峰险岭奇，大自然的鬼斧神工把景色装扮得绚丽多彩。

这里不仅有良好的自然生态环境，而且人文景观也独具特色，是一个无山不美、无水不秀、无景不奇的旅游胜地。金银峡旅游区山涧清幽秀丽，溪水妩媚多姿，怪石耸立。法荫寺古刹钟声悠扬，疑处梦境。

在鸭绿江的中游，有处一面傍山，三面环水的老虎哨，鸭绿江绕老虎哨东，南，西面流过形成纺锤形山脉，隔江是朝鲜渭源郡。两岸时而奇峰怪石、沟壑纵横，时而河滩漫漫、绿洲映照，九曲回旋鸭绿江在这里形成独特的自然景观。

东北地区第一大淡水湖水丰湖就在鸭绿江边，水丰湖远看两岸青山叠翠，古树参天，水线以下尽是刀削岩壁，沙石堆砌的天成奇观，湖面浩渺壮阔，山水相映，秀峰叠翠，花树倒影，怪石嶙峋，碧绿如蓝的江水上，群群野鸭在欢快地凫水嬉戏，翱翔的鹭鸟在如黛远山的背景下，融入了一色江天的深邃空阔中。

沿拉古哨乘船下行，有两座山头似一对雄狮，中间夹一圆形绿色山

包，远远望去恰似"双狮戏翠球"，这就是鸭绿江上一景——太平湾。

这里山清水秀，鸟语花香，东侧是鸭绿江，西侧是鹭鸣湖。每逢初春，鹭鸣湖畔满山盛开的杜鹃花好似彩霞飞落，夏末数千白鹭栖落在江岸，好似雪铺山林，极为壮观。

虎山地势险要，是历史上的军事要地，当年山上的烽火台，山前的江沿炮台堡遗址依然存在。附近还有汉代的西安平县遗址、明代的九连城遗址。

始建于1469年的虎山长城距今已有500多年的历史，被后来的专家证明是明代万里长城东端起点。虎山除了长城外，还有叮咚作响的"金水泉"奏响了虎山一曲天然之歌。

泉水常年"咕噜噜"地冒泡，清澈甘甜的溪水上下翻腾，一年四季冬温夏凉；"神仙瀑"的水位落差高达40于米，景色壮观，在神仙瀑的映衬下，虎山显得更有灵性。

青山沟被称为"神仙住过的地方"。碧绿的浑江宛若两条龙须盘绕奇峰异石，缓缓流入鸭绿江，山峦间大小瀑布36条，其中"飞云

瀑"落差81米，居东北之首。

在鸭绿江与浑江交汇处的绿江景区，下临大江，览碧水滔滔。上倚峭壁，成挟持之势，天然门户俨然雄关；小青沟峡仄谷深，洞幽石奇，两岸连山，静如太古。并有辽代瓦窑遗址。这里出产的柱参被称为人参之王。

大鹿岛位于鸭绿江与黄海交汇处，四面环海，这里风景秀丽，气候宜人。岛前怀抱的月亮湾、双珠滩为我国北海角最大的天然浴场，也是游人拾贝、垂钓、冲浪、晨观日出、夜半听海的理想去处。

大鹿岛西北的大孤山，峭拔突兀，山有石径，巨柞银杏夹道成荫。山上有百余间初建于唐朝的寺庙，是流域内保存较完整的古建筑群之一。

鸭绿江上下落差较大，源头与河口落差达到2.4千米。我国境内支流有浑江、爱河、八道沟河、三道沟河、红土崖河、大罗圈沟河、哈泥河、喇蛄河、苇沙河、小新开河、富尔河、大雅河、半砬江、草河、柳林河。

充足的雨水使针叶树和落叶树生长茂盛。森林为野生动物提供安全的栖息地。鸭绿江流域兽类有野猪、狼、虎、豹、熊和狐狸，鸟类有雷鸟、雉鸡等，河中鲤鱼和鳗鱼甚多。

鸭绿江沿线湿地物种资源比较丰富，高等植物有64科、289种，其中野大豆为国家重点保护野生植物。

鸟类包括世界濒危鸟类有黑嘴鸥和斑背大苇莺，国家一级保护鸟类丹顶鹤、白枕鹤、白鹤、白鹳等8种，国家二级保护鸟类大天鹅、白额雁等29种，为东北亚重要的鸟类栖息的迁徙停歇地。

知识点滴

　　柱参全称石柱子参，产于鸭绿江畔丹东宽甸振江石柱村，其上品可与野山参媲美，不仅外形酷似野山参，而且药用价值也近似。外行人难以辨认，就连内行人也常常看走眼。

　　相传在明朝万历年间，有山东七翁到辽东鸭绿江畔的深山老林里挖野山参，发现了大量的生长年久、品质顶级的野山参。他们将成品野山参带走，把幼参与参籽就地栽种，旁边立了一个石柱，栽了一棵榆树，作为标记。

　　此后人们便不断到这里采参，并安家落户，逐渐摸索出一套独有的栽培方式，发展成最接近野山参的独有人参品种，这就是柱参，也称石柱参。

　　后来老榆树树干与石柱已紧密融合为一体，成为柱参悠久历史的见证。

西北的无疆野马——塔里木河

传说许多年前，人们居住在一条大河边，河水养活了一代又一代人，人们都把这条河比作母亲河，维吾尔语叫阿娜河。

有一年，阿娜河突然干涸，一个叫塔里木的小伙子向部落首领请求："为了大家能活下去，我愿不惜生命去找水。"

部落首领问道："塔里木，这茫茫戈壁你到哪里去找水呀？"

　　一位上了年纪的老人说："听说大漠里有一头鹿能用它的双角找到水源。要想找这头鹿，只要沿着阿娜河向上游走6天，然后再向南部的沙漠里走，就可以找到。"

　　塔里木踏上了找水的路。他带着父亲给他的宝剑和心爱的热瓦甫（维族弹弦乐器），沿着阿娜河向上游走了6天，然后向南面的沙漠走去，热辣辣的太阳照得他又渴又累。

　　他进入一片梧桐林里，想休息一会儿，刚坐下，只见一个沙柱向他袭来，塔里木大吃一惊，慌忙站起，沙柱在离他3米的地方停住了，他松了一口气，靠在树上慢慢地睡着了。

　　这时，一阵旋风把塔里木扔向天空，当他醒来时，发现自己在另一个地方，他惊恐万状，茫茫沙漠什么也看不见，塔里木摸了摸身上，剑、干粮和热瓦甫都在。

　　忽然又一阵狂风过去，一头鹿向他走来，他欣喜万分跑过去。鹿对塔里木说："塔里木，骑到我的身上吧，我带你去找水。"

　　于是塔里木骑上鹿背，鹿张开四蹄飞也似的向前跑去。跑了很

久，他们来到一座大山前，鹿告诉塔里木："阿娜河的水就是从那个山洞里流出来的。前不久，发生了一次山崩，一块巨石刚好落在洞口把水堵死了。阿娜河就断了流，要想让水流出来，必须把那块石头挖开，但是，一旦巨石被挖开，你也得被吸进洞去了。"

听了这话，塔里木毫不犹豫地说："鹿，谢谢你帮我找到了水，为了乡亲们能喝上阿娜河的水，我愿去死。"

鹿看到塔里木如此坚决，便说："那就用你的宝剑在我角上轻轻地磨三下，你的宝剑就会锋利无比。"

塔里木举起宝剑在鹿角上磨了三下，转过身去在巨石劈了三下，只听"轰隆"一声巨响，巨石裂开了，一股清澈的泉水奔腾而下。但是，塔里木却被吸进了洞里。

乡亲们听到巨石的爆裂声，又看到奔腾而下的大水，明白是塔里木引来了水，当他们看见塔里木的热瓦甫顺水冲下来时，每一个人都不由失声痛哭。人们为了纪念塔里木，便把阿娜河叫作塔里木河。

塔里木河历史悠久，古代"丝绸之路"分别从塔里木盆地的南缘北缘，自东向西，穿越古城绿洲，经帕米尔高原西去，成为连接古代各国各族人民的纽带，也是物质、文化交流的要道。世界三大古代文明的华夏文明、印度文明、希腊文明在这里实现了交汇、融合。

2000多年来，塔克拉玛干沙漠不断扩大，这条曾经把丝绸运到罗马，把佛教典籍传到中原的道路，被淹没在了漫漫黄沙之下，而塔里木河依然在流淌。

史籍称塔里木河为计戍河、葱岭河。先秦重要古籍《山海经》就有记载。在史书《汉书·西域传》中记载，当时的塔里木盆地被称作"西域"。按北魏时郦道元所著的地理著作《水经注》记载，在北

魏，也就是五六世纪时，塔里木河是南北两河流入罗布泊。

到了唐代，按我国第一部体例完备的政书《通典·于阗传》小注讲：

> 于阗河，名首拔河，亦名树枝河，或云黄河也，北流七百里入计戎河，一名计首河，即葱岭南河，同入盐泽。

葱岭南河一般均指叶尔羌河。《新唐书·地理志》记载：

> 又六十里至拨换城，一曰威戎城，曰姑墨州，南临思浑河。

思浑河即今之塔里木河。据此，推测唐代塔里木河中上游河网形势与北魏比较并无太大变化，仍分南北两条。

"塔里木"在古突厥语中，意为"注入湖泊、沙漠的河水支流"。"塔里木河"一名见于《清史稿》，系维语，有"无缰之马"和"田地、种田"双重含义。

塔里木河流域及其源流和支流，都是古代主要灌区，早在西汉时期，就有了塔里木河中下游轮台、渠犁的灌溉工程。

汉宣帝时，西域都护府在焉耆、龟兹设营屯田，屯田军民在今沙雅县、新和县修建很多渠道，引水灌田。塔里木河下游罗布泊地区，更是田畴成片、水网渠道纵横的著名屯田区。

东汉时西域政治动乱，中原与西域关系受到严重影响，但疏勒、于阗、楼兰、精绝等地的屯田还是断断续续进行了100多年。楼兰城官

署的宏大规模，就是这一时期由屯田军民建筑的。

隋唐时，塔里木河流域的伊循、且末、焉耆、龟兹、乌垒、疏勒、于阗等地，"大开屯田"，"规模宏远"。这些地区水源充足、土地肥沃，宜耕宜牧，因此成为农田水利开发的重点地区。

设在龟兹的西域最高权力机构西域都护府，分别设置了"掏拓所"和"知水官"等各级专管农田水利的机构和官吏，每年负责组织军民整修土地，修建水利工程。

在汉唐时，由于中远和西域交流密切，塔里木盆地的舞蹈、音乐、服饰、工艺、农桑技艺以及语言、文字、传说等，与中原文化发生深刻交流和渗透。

龟兹古国地处古丝绸之路上的交通要冲，曾经是西域地区政治、经济和文化的中心。佛教从印度先传入这里，形成"西域佛教"后，再传入中原。

　　石窟则是佛教艺术的重要形式，通过建筑和壁画来宣传佛教教义。龟兹石窟窟群比较集中，壁画内容丰富，不仅有表现佛教故事的壁画，还有大量表现世俗生活情景的壁画。

　　龟兹石窟是一部古龟兹文化的百科全书。而在龟兹石窟群中，始凿于东汉末年的克孜尔石窟被视为群芳之冠。

　　龟兹在东晋时期出了一位名人叫鸠摩罗什，是当时公认的包括天竺和中原在内，佛门在世第一高僧。前秦君主苻坚仰慕他的名望，派遣驻守在嘉峪关的大将吕光前往邀请。谁知龟兹国国王不肯答应。吕光大怒，领3万铁骑，破了龟兹城，强行带走高僧。

　　鸠摩罗什沿着塔里木河，离开了故国，他后来成为我国一大译经家。他率弟子僧肇等800余人，对佛教几乎全部关键名词都给出了详

细、深入浅出的解释，深受群众喜爱，因而广为流传。对于佛教在我国的发展和普及，鸠摩罗什居功至伟。

647年，唐朝在龟兹设立安西都护府，统辖龟兹、于阗、疏勒、碎叶等广大地区。唐高宗李治年间，唐王朝又将西域都护府升格为安西大都护府，移置于龟兹。

这期间，各类军事家、外交家、文人、商贾、高僧等人物云集龟兹，给龟兹留下了灿烂的文化遗，而龟兹的很多饮食、歌舞、生活习惯等，也传播到了当时最大的城市长安。

据《新唐书》等史书记载，仅"龟兹乐"就配有18种乐器演奏，主要有琵琶、觱篥、羯鼓等弹拨、打击、吹奏乐器。

唐朝诗人李颀著有《听安万善吹筚篥歌》，诗文中写到了一种从

龟兹传播到大唐的歌舞乐器：

南山截竹为觱篥，此乐本自龟兹出。

流传汉地曲转奇，凉州胡人为我吹。

傍邻闻者多叹息，远客思乡皆泪垂。

世人解听不解赏，长飙风中自来往。

枯桑老柏寒飕飗，九雏鸣凤乱啾啾。

龙吟虎啸一时发，万籁百泉相与秋。

忽然更作渔阳掺，黄云萧条白日暗，

变调如闻杨柳春，上林繁华照眼新。

岁夜高堂列明烛，美酒一杯声一曲。

塔里木河历史上源流众多，水系复杂，主河道游荡不定。塔河上游有3源，阿克苏河源出于天山山脉，叶尔羌河及和田河源出于喀喇昆仑山脉，在阿瓦提县肖夹克附近汇合后称塔里木河。

因季节差异，塔河河水流量变化很大。每当进入酷热夏季，积雪、冰川融化，河水流量急剧增长，就像一匹"无疆的野马"奔腾咆哮着穿行在万里荒漠和草原上，这就是塔里木河别名的由来。

源于昆仑山北坡的克里雅河、尼雅河、车尔臣河等，离塔里木河较远，古代汛期可能有洪水汇入塔里木河，后亦因灌溉引水，已消失于灌区或沙漠中。各河地下径流最后归宿点可能仍是罗布洼地。因此，塔里木盆地所有河流都属于塔里木水系。

位于塔里木盆地东部，曾是我国第二大内陆湖的罗布泊，既是塔里木河又是孔雀河的末段，因地处塔里木盆地东部的古"丝绸之路"要冲而著称于世。汉代，罗布泊"广袤三百里，其水亭居，冬夏不增减"。罗布泊在300多年以前湖水较多，那时候的罗布泊是牛马成群、

绿林环绕、河流清澈的生命绿洲，后来湖水减少，楼兰城成为废墟。罗布泊变为大片盐壳。

数百年来，塔里木河洪水漫滩形成了众多的小河湖泊，茂盛的植被和草原使中游流域成为塔里木最佳的生态区域。

塔里木河独特的生态系统，在苍茫沙海中形成了沙漠森林和沙漠草原景观。塔克拉玛干沙漠位于我国新疆的塔里木盆地中央，是我国最大的沙漠，也是世界第二大沙漠，同时亦是世界第一大流动沙漠。

这里有我国最大的内陆淡水湖博斯腾湖，古称西海。《汉书·西域传》中的"焉耆近海"、《水经注》的"敦薨浦"，均指此湖，北魏《水经注》称为敦薨浦，唐谓"鱼海"，清代中期定名为博斯腾湖。

博斯腾湖风光瑰丽，集大漠与水乡景色于一体。湖水域辽阔，烟波浩渺。西南小湖区，河道蜿蜒，芦苇丛生，荷花怒放，禽鸣鱼跃，一派江南水乡景色，故有"西塞明珠"之美称。

巴音布鲁克天鹅湖是亚洲最大、我国唯一的天鹅自然保护区，栖息着我国最大的野生天鹅种群。巴音布鲁克草原上的蒙古族牧民对天鹅倍加保护，与天鹅和谐相处。每逢春季，冰雪解冻，春暖花开之时旅居在印度、缅甸、巴基斯坦，甚至远到黑海、红海和地中海沿岸诸国的大天鹅、小天鹅、疣鼻天鹅为主的上万多只珍禽，不远万里，成群结队地飞到巴音布鲁克栖息繁衍。

天鹅湖边是阿尔夏和巩乃斯沟景区，阿尔夏为蒙语，意为"治病的泉"。温泉区位于阿尔夏河北岸，12个泉眼分布在400米长的谷地上，有垫泉、冷泉、眼睛泉等，附近有多种珍稀动物，云杉葱密，依山起伏；沟谷两旁，牧草丰富，百花争妍。

天山库车大峡谷，又称克孜利亚大峡谷，为红褐色岩石经风雕雨刻而成。峡谷曲径通幽，别有洞天，山体千姿百态，峰峦直插云天，沟中有沟，谷中有谷：南天门、幽灵谷、月牙峡、虎牙桥、魔天洞、雄师泪等景观造型生动，形态逼真。

距谷口1.4千米处的山崖上有一处唐代石窟，窟内南、北、西壁上有残存壁画和汉文字。

克孜尔亚山维吾尔语的意思红崖，俗称"盐水沟"。这里奇峰异景，有鬼斧神工之妙。当峰回路转之际，车前方忽现一座状如巨厦的深驼色的山峰，似有廊有柱，有塔有亭，宛如"布达拉宫"。

塔里木河虽然处在干旱半干旱的地区，但流域内农田、林草、森林资源非常丰富，除了山区天然林，塔里木河流域由平原胡杨林、河谷林和荒漠灌木林组成的平原天然林也很繁茂。

尤其是有着"活化石"美名的"活着昂首一千年，死后挺立一千年，倒下不朽一千年"的胡杨林，以其旺盛的生命力而著称。塔里木河流域的胡杨树占我国胡杨总面积的70%以上。当地维吾尔族人称胡杨为"托克拉克"，意思是"最美丽的树"。

知识点滴

塔里木河畔的罗布人村，千百年来住着一个与世隔绝的民族罗布人。他们生活在塔里木河畔的小海子边，打鱼狩猎，种庄稼，他们保持着原始的风俗习惯，充满了神秘色彩。

罗布人的方言也是新疆三大方言之一，其民俗、民歌、故事都具有独特的艺术价值。如今，沙漠中只剩下了为数不多的"最后的罗布人"。

长寿是罗布人的一大特点，由于他们世居于较为偏僻的罗布泊地区，远离环境污染，百岁老人甚多。他们虽现老态，但是耳不聋，眼不花，思维清楚，性情乐观、豁达、豪放，仍可闻乐起舞，纵情歌唱。

南方河流

　　我国南方的雅鲁藏布江、怒江、澜沧江、金沙江、大渡河、岷江、嘉陵江、乌江、湘江、珠江等，大多发源于地势较高的三级阶梯边缘隆起的山脉地带，这是由我国西高东低的地势特点所决定的。这些河流流域面积不大，源短流急，水量丰富，河水较清，含沙量低，经冬不冻。

　　这些河流，江水滔滔，一路滋润、一路养育，然后涌进大海。它们冲开了天地玄黄、宇宙洪荒，冲出了文明的的新时代，是我们中华儿女的生命之源、文明之源。

最高的大河——雅鲁藏布江

　　传说在西部阿里的神山冈仁波钦雪山有4个子女，分别是马泉河、狮泉河、象泉河和孔雀河。有一天，母亲把4个儿女叫到身边，让他们到世界各地去见见世面，增长知识。"

　　4个儿女最后决定分4路出发，到达印度洋后，再乘着白色的彩云回家，一家人团聚。

　　小女儿孔雀河向南行进，三儿子象泉河向北进发，二儿子狮泉河往西奔走，而大儿子马泉河，要去太阳升起的地方，所以它一直朝东走了。

　　马泉河绕过了九百九十座雪山，穿过了九百九十条峡谷，当它来到工布地区时，一只美丽的小鹬子落在它身旁。

　　马泉河问："朋友，请问你从哪里来的？"

　　"我是从遥远的印度洋来的"

　　马泉河一听，连忙又问："请问你看没看见我的兄弟狮泉河和象泉河，还有我的妹妹孔雀河？"

　　小鹬其实没有到过印度洋，也没有见到过马泉河的兄弟，但它说了谎话："它们都早到了印度洋了"。

　　马泉河大哥一听，想都没想就掉头南奔。为早日与兄妹们相会，哪里地势陡峭险峻，他就从那里跳下，最终形成了这条深嵌在千山万谷中的雅鲁藏布江，以及举世闻名的雅鲁藏布大峡谷。

雅鲁藏布江被藏族视为"摇篮"和"母亲河"，古代藏文称之央恰布藏布，意为从"最高顶峰上流下来的水"。她孕育出的远古文化源远流长，其中新石器时代文化以林芝文化、墨脱文化为代表。

林芝古称工布。新石器时代晚期，雅鲁藏布江流域形成了许多部落。其中最有名的是冈底斯山脚下的象雄部落、藏北草原的苏毗部落、藏东尼洋河谷的工布部落以及山南的雅隆部落等。

传说雅隆河谷悉补野部落由于缺少一个强有力的领袖人物，经常受到周边部落的欺负和掠夺。一天，牧人们正在泽当城南边的赞塘原野上放牧，忽然看见一个身材魁梧、容貌俊秀的男子，从附近的拉日山上走下来。

牧人们问他是从什么地方来的，这个人用手指了指天上。牧人听不懂他的话，以为是天神下到人间，便一起跪下来请求他担任雅隆部

落的首领。

接着，牧人们抬着他来到扎西次日山上，用石头修起一座城堡，请他在里面居住，还请他统率整个雅隆部落。这位首领被称为聂赤赞普，意思是用"肩膀抬来的雄壮男子"。

他就是雅隆部落的第一任首领。他居住的城堡名叫雍布拉康，是西藏高原上第一座城堡。

从聂赤赞普开始，雅隆部落的七代首领，合称"天赤七王"。他们的寿命都不是很长。雅隆部落第八位首领名叫直贡赞普。他性情暴烈，武艺高强，勇猛好斗，经常率领部队和周边的部落打仗。不打仗的时候，他就找自己的臣民比武决斗。臣民们没有一个敢应战。

有一次，他强迫一名叫洛昂达孜的马倌和自己决斗，结果被洛昂砍死。洛昂达孜夺取了王位。

直贡赞普的两个儿子夏赤和聂赤，逃到工布一带，他们的妹妹被洛昂霸占为妾，他们的母亲被洛昂逐放到雅隆雪山放牧。

有一天，直贡赞普的妻子梦见雅拉香波山神化作一白衣人与自己交合，后来产下一子，叫如勒杰。如勒杰长大以后，巧妙地杀死了洛昂达孜。

他从波密迎请哥哥夏赤，助他当上了任雅隆部落的赞普，这就是雅隆部落第九代赞普布岱公杰。从此，雅隆部落一代比一代强盛，成为山南一带所有部落的盟主，为以后统治整个西藏打下了坚实的基础。

雅隆部落共传世三十二代，其中松赞干布是雅隆部落的最后一代首领，也是吐蕃王朝第一代赞普。

在松赞干布的爷爷达布聂西赞普的时代，雅隆悉补野部落已经基本上统一了雅鲁藏布江南岸地区，松赞干布的父亲朗日伦赞继而把领

地推进到了雅鲁藏布江的中下游地区。松赞干布就出生在雅鲁藏布江的支流，拉萨河上游的墨竹工卡的亚伦札对宫。

松赞干布建立了吐蕃奴隶制政权，势力日益强盛。他几次向大唐遣使请婚，唐太宗最终答应文成公主远嫁吐蕃。

松赞干布按照唐朝的建筑式样和风格，在逻些玛布日山，即现在的今布达拉山，专为文成公主修建了城池和宫室。

随着文成公主的入藏，内地平原地区诸如农具制造、纺织、缫丝、建筑、造纸、酿酒、制陶、碾磨、冶金等生产技术和历算、医药等科学知识，皆陆续传到了吐蕃。使当地人的衣、食、住等方面发生了变化。

同样，吐蕃派遣青年到唐朝读书，吐蕃妇女流行的椎髻、赭面，以及吐蕃社会传统的马球游艺等，也传到了中原地区，为藏汉民族间的文化交流，增添了更加丰富多彩的内容。

从7世纪，佛教开始传入西藏，雅鲁藏布江流域寺庙林立，无论是在峡谷溪涧之旁，还是在深山野林之中，都可听到悠悠的古刹钟声。在众多的寺庙宫观中，布达拉宫与扎什伦布寺是最有代表性的，其他诸如桑耶寺、大昭寺、雍布拉康等寺庙，知名度也都很高。

雅鲁藏布江的全长在全国名流大川中位居第六，流域面积24多平方千米，居全国第六，平均海拔3千米以上，是世界上最高的大河之一。

雅鲁藏布江从喜马拉雅山中段北坡冰雪山岭发源，自西向东奔流于号称"世界屋脊"的青藏高原南部，其上源为马泉河，进入印度后称布拉马普特拉河。在孟加拉国与恒河相会后改称贾木纳河，由孟加拉湾注入印度洋。

雅鲁藏布江的南面耸立着世界上最高、最年轻的喜马拉雅山，北面为冈底斯山和念青唐古拉山脉。南北之间为藏南谷地，藏语称之为"罗卡"，意为"南方"，谷地呈一东西走向的宽阔低缓地带，雅鲁藏布江就静静地躺在这一谷地里。

　　她的中游横贯我国西藏山南地区北部，留下了富饶丰腴的谷地和平原，是典型的高原河谷平原地区。河谷两侧山地的高处是牧场，腰部是森林，谷底及河口则是肥沃的农田。

　　她的源流有3支：北支发源于冈底斯山脉，叫马容藏布；中支叫切马容冬，因常年水量较大，被认为是雅鲁藏布江的主要河源；南一支发源于喜马拉雅山脉，叫库比藏布，该支流每年夏季水量较大。

　　3条支流汇合后至里孜一段统称马泉河，但在扎东地区也有称该江为达布拉藏布，藏语为马河之意，或叫马藏藏布，藏语为母河之意。拉孜地区叫羊确藏布。拉孜以西，雅鲁藏布江统称达卓喀布，藏语意为从好马的嘴里流出来的水。

　　曲水一带地方，藏语叫雅鲁，该江流至山南一带叫雅隆，因此，才称这条河流为雅隆藏布。但在曲水地区念作雅鲁，因为"鲁"藏语确切语音称"隆"，意即从曲水以上流经河谷平原的河流，所以全段

河流总称雅鲁藏布江。

雅鲁藏布江沿线，有着得天独厚的自然景观，奔腾的大江、激流的峡谷、倾泻的瀑布、晶莹的雪山、神秘的冰川、如镜的湖泊、茂密的森林和草甸，每一处都气势不凡，宏伟壮观。

雅鲁藏布大峡谷位于雅鲁藏布江的大拐弯处，是世界第一大峡谷。由于高峰和峡谷咫尺为邻，几千米的强烈地形反差，构成了堪称世界第一的壮丽景观。

雅鲁藏布大峡谷是青藏高原上最大的水汽通道，受印度洋暖湿气流的影响，整个大峡谷地区异常湿润，布满了郁密的森林，是世界上生物多样性最丰富的峡谷。

世代居住在排龙的门巴族是一个具有悠久历史却少为人知的民族，他们是随着雅鲁藏布大峡谷的开发而逐渐为世人所知的。

沿川藏公路走不远，是一座钢索吊桥——排龙吊桥。从桥面到江面大约有30米，桥下江水吐着白色泡沫，发出隆隆怪响。

曾经，排龙到扎曲路上有藤网桥，人过桥时要手脚并用，像踩在弹簧上一样，摇晃不定，难以平衡，人走到桥中时，桥的摇摆度可达好几米，经常有人从桥上掉入数十米的江流中。后来建成了钢索桥。

每当到了山体的急拐弯处，顺着山势延伸到这里的路形成了老虎嘴，这些老虎嘴只有1米左右宽，据说是当地的门巴人在峭壁上凿出来的。

在前往大峡谷的路上，有一些天然温泉，水质清澈见底，升腾着团团水雾。泉水中的矿物质使得附近的石头被熏成铁红色，成了一道很美的景观。

温泉紧挨着江岸是一片洁白的沙滩，沙滩与江水之间是一片开阔的圆石滩，布满形态各异的圆石块。洁净的沙滩温泉，跟凶险的江流形成强烈的对比。峡谷深至千米，江水滔滔翻滚、吼声如雷，蔚为壮观的瀑布高悬而下。

雅鲁藏布江从米林被迫折流北上后，绕过世界第十五座高峰南迎巴瓦峰作奇特的马蹄形回转，似蛟龙出山，以巨大的流量凿穿山体，形成平均深达5千米以上的气势宏伟的大峡谷，水流汇集在不足百米宽

的峡谷中，白浪滔天，铺天盖地裹着巨石急速而下。

在那道举世闻名的马蹄形大拐弯中，叠套着80余个马蹄形小拐弯，自上而下镶嵌着一个接一个的小峡谷。如此地貌奇观的峡谷，这样大的突然拐弯，在世界河流史上实属罕见。峡谷的深邃、大山的雄奇、江水的涌动、浓绿的森林、高天的流云，尽收眼底。

扎曲村处在大峡谷的中心位置，距入口和出口恰好都是200多千米，峡谷和水流从这里开始由狭窄湍急变得宽阔平缓。

绒扎瀑布群位于距迫隆藏布汇入口约6千米的干流河床上，江面上浪花四溅，涛声轰鸣，彩虹时隐时现。"绒扎"在门巴语中的意思是

峡谷之根。

秋古都龙瀑布位于跑迫隆藏布汇入口14.6千米的主干河床上，飞瀑从高山上直接泻入雅鲁藏布江，景象壮观。

藏布巴东瀑布实际为两个瀑布群。这里出现两处瀑布，分别高35米和33米，前者宽仅35米，为雅鲁藏布大峡谷中最大的河床瀑布。

在马泉河最大的支流柴曲，弯弯曲曲的河流把无数晶莹夺目的小湖泊穿缀在一起，像锦绣缎带铺在一块一望无际犹如翠绿绒毡的草地上。

马泉河流域基本上都是牧区，在帕羊以下的河谷两侧是由高蒿草

组成的沼泽化草甸景观，可以说这里是最优良的冬春牧场。

在帕羊以上，沼泽化草甸由温变干，渐趋消失，坦荡的谷地出现一片针茅草原景观，广泛分布着紫花针茅和蒿子，呈现一片黄绿色的景象。

碧蓝的哲古湖地处西藏山南地区措美县境内的哲古村，湖水清澈，湖内生长着各种鱼类，湖面上鸟类聚集，湖四周是一望无际的广阔大草原和连绵起伏的雪山。

哲古湖正前方可以观赏洛扎县境内连绵起伏的雪山群，犹如巨龙起舞，与夕阳相映，十分壮观。后方是雄伟壮观的雅拉香布雪山。

哲古草原因哲古湖而得名，这里是一片水草丰美的天然牧场，有长满牧草和细碎小花的丘岗，有连绵起伏的巨大草场，还有碧波荡漾的湖水，远处连绵净白的雪山，湖边成群神态悠闲的牛羊，不远处昂首观望的野生动物，融合在这蓝天白云之下。

羊卓雍湖意为"碧玉湖""天鹅池"，是西藏三大圣湖之一，位于雅鲁藏布江南岸，面积大约是杭州西湖的70倍，是喜马拉雅山北麓最大的内陆湖。羊湖汊口较多，像珊瑚枝一般，因此它在藏语中又被称为"上面的珊瑚湖"。

羊卓雍湖是高原堰塞湖，大约一亿年前因冰川泥石流堵塞河道而形成，与纳木错、玛旁雍措并称西藏三大圣湖，是喜马拉雅山北麓最大的内陆湖泊，湖光山色之美，冠绝藏南。

羊卓雍湖的形状很不规则，分叉多，湖岸曲折蜿蜒，并附有空姆错、沉错和纠错等小湖。历史上曾为外流湖，湖水流入雅鲁藏布江，但后来由于湖水退缩成为内流湖，并分为若干小湖。湖中岛上牧草肥美，野鸟成群。

卡若拉冰川是西藏三大大陆型冰川之一。壮丽多姿的冰塔林上，由于雪尘相间显示出各种云卷状的奇异褶曲，犹如能工巧匠精心雕刻的花纹图案。巨大的冰川在阳光的照耀下，犹如一幅巨型唐卡挂在山

壁上，熠熠生辉。

雅鲁藏布江水量丰富，落差大而集中，水力资源十分丰富，仅次于长江，居我国第二位。

雅鲁藏布江流域的森林和野生动植物资源在全国名列前茅，常见的成林树种主要有松、杉、柏等。

主要的野生植物有药用植物、糖类和淀粉类植物、纤维植物、油脂植物、芳香油植物、鞣类植物等6大类，其中以药用类最为丰富，达1000多种，有的畅销国内外。

野生动物兽类中的藏羚羊、野牦牛等系青藏高原特产珍稀动物，白唇鹿为我国特有的世界珍稀动物。鸟类有473个品种，其中西藏黑颈

鹤为我国所特有。鱼类共有64种，以鲤科的鱼类为最多。

雅鲁藏布江流域的森林资源非常丰富，在波密、察隅、珞瑜等地，海涛般的森林随着山峦起伏，还有濒危珍稀的红豆杉。

流域内有原始森林264.4万公顷，木材蓄积量8.84亿立方米。茫茫林海中，树龄200多年的云杉，有的高达80米，一棵树就可出60立方米的木材。

雅鲁藏布江畔有国家二级保护树种雅江巨柏，木质坚硬，性喜沿水线生长，生长期较长，少则几百年，多则上千年万年，它以顽强的生命力深深扎根于沙石之中。其形态各异，或弯或直，或倾或卧，似巨大的毛笔倒写着天上文章，为世人展示其千年沧桑。

　　雅鲁藏布江流域有高等植物2000多种，含木本植物100多种、药用植物和真菌植物165种，其中有虫草、灵芝、猴头、天麻、雪莲、红景天、贝母、松茸等，可以说是一座天然的高原植物宝库。

　　流域内的矿产资源丰富，有90多种，矿产地2000余处，其中铬铁、铜、、锂、硼等11种储量居全国前列，已探明有储量丰富的油气田，可望成为我国重要的能源基地。

　　雅鲁藏布江流域地热显示的种类繁多，有水热爆炸、高原沸泉、地热蒸汽、沸泥泉、热水河等。而最为壮丽的，当数雅鲁藏布江边的间歇喷泉了。

知识点滴

　　雅鲁藏布江上游有一个名叫塔各加的地方。这里热区水温高达86度的沸泉口有近百个，其中有4处间歇期不同、喷发形式各异的间歇喷泉。

　　每次喷发之前，泉口的水位缓缓上升，随着一阵巨大的吼声，高温汽水流突然冲出泉口，腾空而起，形成直径2米左右的汽水柱，无风时，水柱顶部汽柱可高达四五十米。

　　喷发时间长的有10多分钟，然后渐渐回落。刚平静下来，猛地，水流又一次冲出泉口，呼啸而出。这样反复数次，直到最后完全停止。间接喷泉的猝然喷发，激动人心的声势，喷发和休止的交替变幻，蔚为奇观。

西南天险——湍急的怒江

很久以前，在西南有一片广阔的草原，草原上有一个英俊骁勇的藏族青年名叫扎西平措，他能驯服最烈性的野马。

扎西平措总是骑着他的飞龙驹驰骋在广阔的大草原。每当他吹着

心爱的牧笛，藏家的姑娘小伙都会不由自主地陶醉，忘记了所有的辛苦和疲劳。

这其中，就有美丽的姑娘玉琼梅朵。玉琼梅朵和扎西平措从小一起长大，一起喝着马奶酒与酥油茶，一起在草原上放牧和嬉戏，在村民们眼中，他们是天造地设的一对。

随着年龄的增长，玉琼梅朵由天真可爱的小女孩长成了亭亭玉立的少女，红扑扑的脸蛋就像是夏日浓情的晚霞，明亮的双眼就像是天山的明月，声音有如寺庙门前悬挂的风铃。

扎西平措深爱着玉琼梅朵，他们常常依偎着坐在像白雪一样的羊群身边，扎西吹奏着笛子，梅朵轻声哼唱，广阔的草原就像绿色的海洋将他们包围，一切是那么地幸福祥和。

为了做扎西的新娘，梅朵为自己准备了丰厚的嫁妆，其中就有一条她花了三年零三个月织就的氆氇，那上面织的是雪白的羊群和毡房，还有一家三口幸福的笑脸，这包含了梅朵对未来美好的憧憬和期盼。

每当织这条氆氇的时候，梅朵总是幻想着扎西骑着飞龙驹，带着他一大帮兄弟热热闹闹来迎娶自己的场景，脸上不由自主泛起羞涩的笑容。经过三年零三个月的时间，氆氇终于织就了，梅朵迫不及待地想把这条饱含着心声和期盼的氆氇送到扎西的手中。

就在这时，意想不到的事发生了，天忽然暗了下来，一阵猛烈的狂风向梅朵刮了过来，梅朵手中的氆氇被狂风刮了出去，一阵阴森的笑声从天空中传来，原来是雪山上的恶魔。

梅朵看着自己辛辛苦苦织就的氆氇被旋风越刮越远，心里又气又急又怕。

扎西听到了梅朵的呼救声，跳上飞龙驹朝梅朵呼喊的方向急驰而去。扎西的飞龙驹很快就到了旋风的跟前，扎西的头发被吹得凌乱，

眼睛被风中细沙扎得刺痛，但扎西已经顾不了那么多，他一把拉住氆氇，恶魔在另一头也死命地拉着不放，于是，一条氆氇在他们手中被拉来拉去。

风越来越大了，天色暗得像一片浓墨。可是，不管怎样，扎西都不松开他的双手。恶魔变得急不可耐，掏出一把大刀朝氆氇砍去，"哧啦"一声，氆氇顿时被割成了两截，扎西狠狠地从飞龙驹上飞了出去。

他身上的哈达飘落，越变越宽，越变越长，忽然间就变化成一条大江，横在了他的身前。

过了很久，扎西才慢慢地睁开了眼睛。狂风不知何时已经停了，那半条氆氇还在扎西手上，当他从草地上爬起来，却被眼前的景象给惊呆了，一条壮阔的大江横在了他的面前！

他四处张望，却不见了梅朵的影子，他着急了，他不知到底发生了什么事情。他焦急而愤怒，他担心梅朵是不是被狂风给刮走了，他大声地喊着梅朵的名字："玉琼梅朵！玉琼梅朵！"

可是，任凭他怎么呼喊，都只有奔腾的江水在他耳边呼啸……扎西喊了几千遍几万遍，嗓子哑了，喉咙干了，他一遍一遍地呼喊，一遍一遍地流泪……七天七夜过去了，扎西滴水未进，扎西的眼泪汇聚成河流，流进了大江里，江水越来越磅礴了……

终于，在第七天的时候，梅朵出现了。可是，她却出现在了江的那头。她匍匐在地上，红着双眼，遥望着扎西，涩着嗓子在喊："扎西平措，扎西平措，扎西平措……"

扎西遥望着心爱的人，流干了最后一滴眼泪，他最终露出了欣慰的笑容，慢慢地，慢慢地倒了下去……一条大江隔断了所有的爱恋，阻隔了……

扎西和梅朵最终都笑了，因为他们在生命的最后一刻见到了自己心爱的人，他们死后在大江的两岸化成了两座大山，隔江遥望。扎西的飞龙驹一直在守候着主人，最后也化成了一座石山。而这条隔断两个生死相依恋人的大江，被人们称为怒江。

怒江是我国西南地区的大河之一，因怒族居住两岸而得名，又称潞江。又因江水深黑，我国最早的地理著作《禹贡》把它称为"黑水河"，傈僳语称怒江为"怒民刮"，即怒族人所在的地方。

怒族是怒江峡谷最古老的土著民族之一。怒族把怒江称为"阿怒日美"，"阿怒"是怒族人的自称，"日美"就是"江"，意为怒族人居住区域的江。

在2400多年前的战国时期，以保山为中心的怒江区域，曾崛起过一个支系庞杂的族群"哀牢夷"，创立了存续数百年之久的哀牢政权和独具特色的"哀牢文化"。

两汉时期，随着中原王朝开疆拓土，哀牢王柳貌内附，永昌郡设

立，中原文化迅速注入。此后，怒江一直在中央集权的管辖之下。唐朝时，怒江流域被南诏国纳入版图，怒江岸边的兰坪、碧江、福贡、贡山等地属剑川节度；泸水属永昌节度。

南诏受中原文化影响十分深入，出过南诏骠信、杨奇鲲等很多著名的诗人。下面这首《星回节游避风台与清平官赋》为南诏骠信寻阁劝所做：

避风善阐台，极目见藤越。

悲哉古与今，依然烟与月。

自我居震旦，翊卫类夔契。

伊昔颈皇运，艰难仰忠烈。

不觉岁云暮，感极星回节。

元昶同一心，子孙堪贻厥。

宋朝时，也就是云南大理国时期，兰坪设兰溪郡，属谋统府，碧江、福贡、贡山属兰溪郡，泸水属胜乡郡。

南宋著名诗人程公许的长诗《泸水清》，记述了当时怒江两岸的民族关系：

泸水清，泸水之清如镜平。

蜀江西来流沄沄，内江胥命如逶巡。

两江合处耸百雉，表里益梓巴夔分，如户有限齿有唇。

云南与夜郎，甫隔东西邻。

山川之险守在人，武侯气焰千古犹长存。

有来范侯人中英，蜀国忠文之子孙，清姿劲气排秋旻。

立朝物望高缙绅，睥睨众醉莫独醒。

乌台纵好羞呈身，十年江海心朝廷。

……

泸水在明末清初推行土司制。清康熙时，实行改土归流，设兰州知州。

怒江两岸居住着傈僳、独龙、怒、普米、白、藏、汉等22种民族，其中世代居住本地的民族为傈僳族、怒族、独龙族、藏族、白族、普米族。这些民族有着各具特色的生活、服饰、饮食和文化习俗。

雪山林海、急流飞瀑、岩峰峡谷、汩汩温泉、座座溶洞、高山湖泊，配之以傈僳族传统的对歌、澡塘会、刀杆节，充满神话色彩的怒族鲜花节和带有浓厚的原始宗教色彩的独龙族剽牛祭天活动，以及各民族的婚姻习俗、衣食住行、丧葬礼仪、祭祀活动、图腾崇拜等的丰富多彩的民族风情，更是给怒江大峡谷增添了不少情趣。

怒江岸边的保山市，原名哀牢，后因秦时吕不韦后裔迁居保山金鸡，改名不韦。自东汉以后，始称永昌。明嘉靖年间以后更名为保山。

怒江上游为那曲河，发源于青藏高原的唐古拉山南麓的吉热拍格。它深入青藏高原内部，从西北向东南斜贯西藏东部的平浅谷地，入云南折向南流，经怒江傈僳族自治州、保山市和德宏傣族景颇族自治州，流入缅甸后改称萨尔温江，最后注入印度洋的安达曼海。

怒江在西藏嘉玉桥流入他念他翁山和伯舒拉岭之间的峡谷中时才正式叫怒江，嘉玉桥至云南泸水县为怒江的中游。

进入云南境内以后，怒江奔流在碧罗雪山与高黎贡山之间，西岸高黎贡山的峡谷高差达5千米，东岸碧罗雪山的峡谷高差达4千米，山谷幽深，危崖耸立，水流在谷底咆哮怒吼，故称"怒江"。云南省泸水县以下为下游，河谷较为开阔。

怒江大峡谷全长316千米，两岸山岭海拔均在3千米以上，因它落差大，水急滩高，有"一滩接一滩，一滩高十丈"的说法，十分壮观。两岸多危崖，又有"水无不怒古，山有欲飞峰"之称，每年平均以1.6倍黄河的水量像骏马般地奔腾向南。

纳瓦底至大兴地之间，有一段傈僳族语称为"腊玛登培"的峡谷，意思是"老虎跳"。峡谷两岸距离最窄处只有10米。江边怪石嶙峋，有一块黑色巨石稳立江心，虽常受激流冲撞，却傲然不动。

怒江大峡谷山高、谷深、水急，两岸白花飘香，山腰原始森林郁郁葱葱，冬春两季冰雪覆盖，景色如画。福贡石月亮是谷中的一大奇景，在海拔约3千米的高黎贡山顶，通着一个百米见方的圆形大窟窿，从几百里外远眺，在莽莽苍苍的山顶上，透过洞口窥望西边的明亮天空，宛如一轮明月。这个"明月"，当地人民称为"亚哈巴"。

腊乌岩瀑布泉水从高山悬岩中涌出急流，到坚硬的腊乌岩顶端泉水突然飞流直下，形成神奇飞瀑。从远处望去，仿佛一条长长的白云彩带从天而降，漂浮在郁郁大地上，光彩夺目，十分壮观。

怒江流经云南贡山县丙中洛乡日丹村附近，由于王箐大悬岩绝壁的阻隔，江水的流向从由北向南改为由东向西，流出300余米后，又被丹拉大山挡住去路，只好再次掉头由西向东急转，在这里形成了一个

半圆形大湾，为怒江第一湾。

湾中心有一个村子叫坎桶村，这里江面海拔约1.7千米，气势磅礴，湾上怒江台地平坦开阔，高出怒江500米，构成三面环水的半岛状小平原，其四周景物宜人，堪称峡谷桃源。

丙中洛自然环境奇特、壮观，特殊的地理环境使丙中洛靠南边的地方有一天两次日出日落的奇妙景观。

冬至上午，太阳从碧罗雪山缓缓而出，太阳在狭长的天空行走不到两个小时，就匆匆地落入矗立在丙中洛西南角的贡当神山背后，时隔半个小时，太阳又一次从贡当神山背后露出万道霞光，半个小时后才落入高黎贡山的背后。

在丙中落台地北端，是一路夹江而行的高黎贡山和碧罗雪山，两座绝壁从江边垂直而起，直冲云天，形成一道500多米高、近200米宽的巨大石门，怒江从石门中喷涌而出，奔泻而下，当地人称它为南礼墙，又根据地形地貌，取了个很形象的名字——石门关。

石门关不仅雄伟壮丽，粗犷凝重，据说从前两岸居民往来，必须

等到怒江水退潮时从沙滩走过，因为两岸的峭壁根本无法立足，也无法固定溜索。一到水涨，淹没了沙滩，路断难行，就是猴子、岩羊也过不了石门关。

怒江之上，还有许多雄关要隘，著名的雄关，有南部的腊旱崖、福贡的腊乌崖、腊竹底崖，泸水的亚碧罗石峡等，都是奇峰异石，壁立千仞，直插江心。

沿江飞流瀑布，急流险滩，到处可见，有福贡的腊乌崖瀑布，泸水的登埂河滴水崖，赖茂滴水崖，独龙江马库"哈巴依称"等。急流险滩，有万马滩、尖山滩、阎王滩、响石滩等。在碧罗雪山和高黎山山顶，还有大大小小的高山湖泊。

怒江就像两山之间一条长长的带子，路在江边，山在路旁，著名的茶马古道中有一条"滇缅印古道"就是从这里经过。

这是史书记载时间最早的一条古道，从四川西昌经云南丽江、大理到保山，由腾冲进入缅甸，再进入印度等国家。

后来，茶马古道已基本失去交通价值，唯有丙中洛通长期存在，

往藏东南地区的马帮队仍在古道上穿行。这条"活着"的茶马古道，始于丙中洛，沿峡谷溯怒江北上，通往西藏林芝地区察隅县察瓦龙乡政府所在地扎那，全长70千米。

这条路既是滇藏古驿道，也是后来察瓦龙沟通外界唯一常年通行无阻的道路，该乡物资进出主要以靠此路。沿途途经石门关、那恰洛峡谷等景点，蹄印斑驳，马蹄声声，空谷传响，古意盎然。

从泸水县出发到听命湖，要攀越陡峭的山谷，穿过茫茫林海和高山灌木林，道路崎岖。听命湖清碧透明，水深莫测，凛冽如冰，四周森林密布。湖区的景色随着四季的变化而不同。

听命湖笼罩着神秘的色彩。人们到这里只能轻声细语地说话，如果大声叫喊，顷刻间便会风雨交加，冰雹突然而至，因此人们又把它称作迷人湖。这都是湖区上空弥漫着饱和水分的浓雾，遇到声波震动，就凝聚成雨和冰雹的缘故。

怒江上游除高大雪峰外山势平缓，河谷平浅，湖沼广布，中游处横断山区，山高谷深，水流湍急。两岸支流大多垂直入江，干支流构成羽状水系。水量以雨水补给为主，大部分集中在夏季，多年变化不大，水力资源丰富。

河谷地区温和多雨，富水力和林矿资源。怒江两岸森林资源丰富，是云南省森林覆盖率比较高、原始森林面积比较多的地区。其中珍稀林木的蓄积量更为可观，有秃杉、珙桐、三尖杉、楠木、紫檀、香樟、乔松等，经济林木如漆树、油桐等。

怒江大峡谷内素有"十里不同天，万物在一山"之说。立体气候产生的主体植被、珍稀动植物、名花异卉、稀世药材成片成林，树蕨、秃杉、落叶松、杜鹃、兰花点缀着峡谷胜景的自然美。

这些珍稀的植物，被列为国家一级保护植物的有树蕨、秃杉、珙桐等；国家二级保护植物的有三尖杉、清水树等；国家三级保护植物的有天麻、一枝蒿等20多种。还有珍稀保护动物孟加拉虎、灰腹角雉、热羚、红岩羊、金丝猴、叶猴、小熊猫、齿蟾等。

知识点滴

怒江两岸，有很多独特而珍稀的丰富物种。福贡县的腊竹底和独龙江的马库，有一种树，当地群众称它"斯叶黑"，意思是能出面粉的树。

"斯叶黑"一般生长在阴凉的深箐里，树高可达十几米，树叶宽1米左右，长3米多，与芭蕉叶十分相似。"斯叶黑"含有大量淀粉。七八月份是其淀粉成熟的最佳时期。

"斯叶黑"面粉可以烙粑粑或用香油煎食。松软适度，味美可口。还可以用开水加糖搅拌冲食，味鲜适度，真可算是山珍中的一绝了。"斯叶黑"面不仅能食用，据说曾解救过他们前人的饥馑，还是止泻的上品良药。

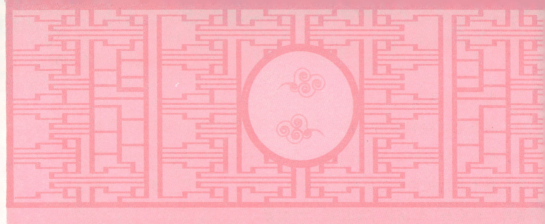

东方多瑙河——澜沧江

　　远古的时候，澜沧江和怒江水势流速相当，与后来的情况不一样。现在怒江上游水流湍急，下游水流缓慢；澜沧江则相反，上游水流缓慢，下游水流湍急。为什么会是这样呢？

　　这得从怒江和澜沧江的来历说起。

　　那时候，西藏高原住着俩姐妹，姐姐叫怒江，妹妹叫澜沧江。美丽的怒江姑娘，爱上了一个名叫大海的英俊小伙子。她俩感情深厚，经常一起游玩嬉戏，但大海志向远大，决心到南方远游，增长见识。临别时他同怒江姑娘约定，3年后就回来成亲。

　　大海走后，怒江姑娘每天站在白皑皑的雪山上，盼望着情人早日归来。花开花落，冰消雪融，3年过去了，还是不见大海归来。怒江姑娘心急如火，再也等不下去了，便邀约澜沧江妹妹，一同到南方去找大海。

　　姐妹俩同一天出发，怒江姐姐从西向南走，澜沧江妹妹从东向南走。怒江姐姐想早日找到心爱的大海，一出发就拼命跑起来。澜沧江妹妹还是个十分贪玩的小姑娘，她一路上观山玩景，走得很缓慢。

　　所以怒江上游水流湍急，澜沧江上游水流缓慢。走了3天，两姐妹都进入了崇山峻岭。怒江姐姐走进了雄伟的高黎贡山和碧罗雪山中间，峰峦叠嶂，高耸入云，古树参天，蔽天遮日，挡住了她的视线。

终于，怒江姐姐和澜沧江妹妹相逢了，她们欣喜若狂，互相拥抱。两姐妹又打又闹，姐姐抱怨妹妹贪玩走得太慢了，妹妹故意取笑姐姐想大海哥哥想疯了，跑得像丢了魂似的。

两姐妹闹够了，又分开向南走去。怒江姑娘走了一程后，心里在想，妹妹贪玩惯了，一定还是慢腾腾地走，我也不能走得太快了。于是，她放慢了脚步。

这时，澜沧江妹妹也在想，姐姐思念着大海哥哥，一定是心急脚步快，我也走快点才像样子，不然，日后见了姐夫，面子上也不光彩。于是，她就加快脚步跑了起来。所以怒江下游水流缓慢，澜沧江下游水流湍急。

澜沧江姑娘一口气先跑到南方，比她姐姐提前找到了大海哥哥。怒江姑娘反而迟了两天才与大海哥哥相会。大海哥哥对怒江和澜沧江

两姐妹说："南方天地广阔，气候温和，我们以后就在这儿过日子吧！"

从此以后，怒江和澜沧江两姐妹，就和大海哥哥手拉着手，永远幸福地生活在一起。

澜沧江的名称在汉代就出现了，专门记述我国西南地区地方历史、地理、人物等的古代地方志《华阳国志》及我国第一部记述水系的专著《水经》中的兰苍水，又名仓津，即是澜沧江的别名。史书《汉书》中的劳水，即为云南永平县以上澜沧江水系的统称，明清时期，流经西双版纳的澜沧江河段又称作九龙江。

澜沧江之名的真正来源为古时傣族称"南咪兰章"，"南咪"指江河，"兰"意为百万，"章"是大象，意为"百万大象繁衍的河流"。

因为从前澜沧江两岸森林茂密，地广人稀，茫茫林海之中栖息着不计其数的亚洲象，沿江两岸的傣族农民，都有养象耕田的传统。由于兰章与澜沧语音相近，传下了澜沧江这个名称。

澜沧江流域的历史文化发展进程，基本与怒江的脚步相吻合。同样作为哀牢国、蜀国、南诏国、大理国延续的一个部分，澜沧江两岸的居民比怒江更为封闭，与中央政府的联系也较怒江流域稍弱一点，但这并不影响澜沧江走入历史的视线。

　　云南历史上最早见于文献的诗歌是汉代的《兰仓歌》，而这首诗歌便提到了澜沧江：

汉德广，开不宾。

渡博南，越兰津。

渡兰沧，为他人。

　　在诗中，"博南"是山名，"兰津"是渡口名，"兰沧"即澜沧江。诗歌的背景是汉朝皇帝将秦国宰相吕不韦的后人迁移到今永平保山之间的澜沧江边，让他们修驿路，建渡口，使这一带归顺汉王朝。

　　《水经注》对此做了记载，并补充：

　　兰仓水，出金沙，越人收以为黄金。又有光珠穴，穴出光珠，又有琥珀、珊瑚、黄、白、青珠也。

　　兰仓水又东北迳不韦县与类水合，水出巂唐县，汉武帝

置。类水西南流，曲折又北流，东至不韦县，注兰仓水。又东与禁水合。

在澜沧江畔，有一条比丝绸之路更早的丝路，这条丝路从四川出发，经过云南、缅甸直至印度的一条商路，在公元前4世纪时便已开通，在汉代时称为"蜀身毒道"，"蜀"是四川，"身毒"是印度的古称。

尽管道路难行，古代的商旅却在千难万险中打通了这一条民间的贸易商道，利用马匹、骆驼以至人力，运载着丝绸、布匹、瓷器、铁器、漆器、茶叶等到印、缅各地，又携回宝石、珍珠、海贝、琉璃等辗转贩卖。

印度佛教、缅甸人的乐队和杂技在东汉时传入洛阳宫廷，也是通过西南丝路上的永昌道与南亚各国进行文化交流的结果。

"蜀身毒道"从四川起步，分别走东南面的五赤道和西南面的灵关道，最后汇合于大理，从大理往西，经过漾濞县城，就进入博南山区。博南是1世纪开始沿用的县名，治所就在今永平县。这条山道是汉武帝于公元前105年前后下令开凿的，当时称为博南山道。

古道向西跨过澜沧江，便进入保山地区。保山是古时的永昌郡、永昌府的治所，也是这一代丝路通过的主要地区，"永昌道"便被作为这段古道的名称。

站在澜沧江边，可见博南山与罗岷山绝壁对峙，旁有兰津古渡，这是走永昌道的必经之路，渡口附近有两座桥墩，建有一座我国已发现的最古老的铁索桥——霁虹桥。

相传那时候每天清早桥亭大门未开时，等候过桥的商旅、人马以排成五六里长的队伍，以致驿路上留有深深的马蹄窝。

据考证，澜沧江流域是世界茶树的起源地。驰名中外的普洱茶的故乡就在西双版纳的景洪。地方志《滇海虞衡志》记载：

> 普茶名重于天下，出普洱所属六茶山，一曰攸乐、二曰革登、三曰倚邦、四曰莽枝、五曰蛮砖、六曰慢撒，周八百里。

这"六大茶山"都在澜沧江岸边，其中攸乐就是后来景洪基诺山乡，其余五大茶山均在勐腊县。清廷规定，六大茶山每年上缴的贡茶

达3.3万千克。

相传在普洱、澜沧江一带有7座山，传说这里是茶王的7个儿子变化而成的。

那时候，人们生活在深山老林里，自然条件很艰苦。为了帮助那些住在山里的人们，茶王就给了他的7个儿子每人一包茶籽，好让儿子们把它撒到山上，长出茶树和茶叶，供人们饮用，从而帮助人们避邪、健身、治病。

为了更好地照顾茶树，茶王的7个儿子决定舍生取义，于是他们全都变成了一座座伟岸的高山。从此，这7座山上都长出了郁郁葱葱的茶树，人们有了提神醒脑、治病避邪的良药。

为了纪念茶王和他的7个儿子，后人从7座山上分别采来了茶叶，合在一起后，制成了圆饼形状的紧压饼茶。

澜沧江南有座茶山，叫南糯山，这里世代居住着哈尼族支系的爱尼人，茶树是他们非常重要的生产资料。南糯山以其800年栽培型古茶王树有力证明了我国是茶树的原产地，也是最早利用茶树的国家。因此，南糯山被当地人称作云南古茶第一寨。

当地爱伲人始终坚信，南糯山的茶树，本为三国时期的诸葛孔明所栽，当地还流传着许多关于孔明教导哈尼族建筑居室，种茶采茶的传说，因此，南糯山又称"孔明山"。

澜沧江边的西藏芒康县，有个盐井乡。盐井除了大片的绿洲田园外，还有近似活化石般的古老岩盐生产方式。

当地乡民在江边用一片片木架搭起似一层层小梯田的平台，这就是盐田。盐卤则是取至江边的岩洞，先将盐卤取出，然后背上五六层楼高的木架上的盐田旁，倒入自家的盐池中澄清，再将盐卤抽到盐田中，待水分风干后将盐粒扫拢即可。

始建于清乾隆的铁索青龙桥，横跨于金马和正义两村相交的澜沧

江上，是茶马古道的必经之路。青龙桥离水面15.6米，设计精巧，工艺高超，结构牢固。

澜沧江是我国西南地区的大河之一，是世界第九长河，亚洲第四长河，东南亚第一长河。澜沧江河源扎曲，发源于青海省玉树藏族自治州的杂多县吉富山，源头海拔5.2千米，主干流总长度2100多千米，澜沧江流经青海、西藏和云南3省，出境后成为老挝和缅甸的界河，称湄公河。

湄公河流经老挝、缅甸、泰国、柬埔寨和越南，于越南胡志明市流入我国南海，是亚洲流经国家最多的一条河流，是我国连接东南亚国家的水运大动脉，因此被叫作东方的多瑙河。

澜沧江流域面积16万多平方千米，昌都以上为上游，昌都至四家村为中游，四家村以下为下游。

主要支流有：子曲、昂曲、盖曲、麦曲、金河、漾濞江、西洱河、罗闸河、小黑江、威远江、南班河、南拉河等。澜沧江支流特点是落差大、水资源丰富，上中游降水量少，有雪水补给，水量稳定，下游地处热带、亚热带气候区，降水量大，水量充沛。

上游北与长江上游通天河相邻；西部与怒江的分水岭为他念翁山

及怒山。中游属高山峡谷区，河谷深切于横断山脉之间，山高谷深，两岸高山对峙，山峰高出水面3千米，河谷比较狭窄，河床坡度大，形成陡峻的坡状地形。

下游分水岭显著降低，一般在2.5千米以下，地势趋平缓，河道呈束放状，出我国境后河道比较开阔平缓。

澜沧江源区河网纵横，水流杂乱，湖沼密布。杂曲河流经的地区有险滩、深谷、原始林区、平川，地形复杂，冰峰高耸，沼泽遍布，景致万千。澜沧江大峡谷不仅以谷深及长闻名，且以江流湍急而著称。冬日清澈而流急，夏季混浊而澎湃。狭窄江面狂涛击岸，水声如雷，十分壮观。

澜沧江由西藏入梅里峡谷后，江面束窄，水流湍急，无以为渡，历史上全靠竹篾溜索过江，因此江边有村庄得名"溜筒江"。历史上人马全靠竹篾溜索过江。

马尼丁一带山崖陡峭，为滇藏交通咽喉，于是架设于此的溜索便成为茶马古道上的重要渡口，故有"溜筒锁钥"之说。

澜沧江上中游河道穿行在横断山脉间，河流深切，形成两岸高山对峙，坡陡险峻V形峡谷。下游沿河多河谷平坝，著名的景洪坝、橄榄坝各长8千米。景洪至橄榄坝一段自然风光和人文景观，是西双版纳最完美的缩影。

景洪附近的澜沧江上，江面已渐渐收缩，最窄处仅20米左右，这就是著名的虎跳石。虎跳石两岸是参差不齐的大岩石，江水汹涌澎湃。两岸景物变化多端、奇峰嶙峋，绿水青山，相互辉映，兽鸣鸟啼，醉荡芳心，植物丰富多彩，动物珍贵稀有。

橄榄坝素有"孔雀羽翎"的雅称，这里地势低，气候湿热，具有浓郁的热带南国风光。

澜沧江高峡百里长湖雄伟壮丽，湖面平静秀丽，胡湾半岛星罗棋布，两岸山峰秀丽，苍峻巍峨，珍稀动物繁多，风景如诗如画。湖面也由此而迂回曲折，形状奇特多变。放眼湖上，湖水碧蓝浩渺，青山簇簇绵延，山水相映，水天一色。

澜沧江中下游的玉龙池草丰林茂，池水清盈，池中有小岛数个，池边有野生的大树杜鹃数百亩，林中生长着大量的实竹和白鹇、野鸡等珍贵动物。空气清晰，景色迷人。

玉龙池原属自然水池，传说这里居住着一条小白龙，逢到天旱便行雨吐水，流往阿早山、石头寨、蕨草坝、阿古村等地灌溉农田。

进入原始森林的黑龙潭林区，就会有一种"暗无天日"的感受，传说如果心好的人过此潭边，能顺利走出林中，如心不好的人则会掉进潭中不能出来。

西双版纳野象谷地处东西两片林区结合部的河谷，几十万公顷的热带雨林里生长着多种植物，层绿叠翠、郁郁苍苍，热带竹林连成一片，为亚洲象等野生动物提供了最适宜生长、繁衍的栖息之地。

澜沧江流域内，普洱茶、滇红茶名扬天下。而澜沧江最独特的资源，便是两岸的古茶树、野茶树，后来很多被列为国家二级珍贵树种。

在景洪、西双版纳的深山密林中，生长着许多野生茶树。双江县勐库镇五家村邦马雪山的原始森林中，集中分布约800公顷野生古茶树，每隔5至10米，就有1棵高15米以上的野生古茶树生长。

澜沧县境内有树龄1000年左

右的"过渡型茶树王"邦崴大茶树。景迈有明、清以来种植的栽培型千顷古茶园，还发现了树龄达800多年的栽培型"茶树王"，主干径达1米多。当地哈尼族茶农称其为"沙归八玛"，意为"名叫沙归的人栽种的大茶树"。

澜沧江以窄、急、险而著称，水力资源丰富，是横断山脉区重要河流，河床落差较大。

澜沧江下游为我国动、植物资源最丰富地区，堪称为我国宝贵的遗传基因库，有经济价值的植物达千种。特有动物如长臂猿、亚洲象、孔雀等。

澜沧江整个流域已知鱼类多达近两千种，鱼类多样性在世界大江大河排名中名列第二，仅次于亚马孙河流域。这里淡水鱼类年捕获量很大，为世界上最大的内河淡水渔业。

澜沧江至湄公河丰富的鱼类资源中，包括目前已经高度濒危的鲇鱼、伊洛瓦底江豚，以及其他极具商业价值的常见鱼类，如倒刺鱼、淡水鲨、黄貂鱼、面瓜鱼、红尾巴鱼等。

除此之外，该流域还有其他丰富的水生物种，例如暹逻鳄、淡水

龟、蚌类等，以及大量以鱼类为生的水鸟。

望天树是澜沧江边西双版纳特有的树种之一，仅分布在勐腊县的补蛙、景飘等地。望天树属龙脑香科，常绿高大乔木。因它长得挺拔笔直，高达七八十米，如利剑般直刺蓝天，有"林中巨人""林中王子"的美誉。

传说朱元璋的孙子建文帝失去皇位后，骑着一匹白马，来到云南宝台山附近，他卸下马鞍休息，突然发现前方山上升起火光，来不及配马鞍就上马而去。那座山后来就叫马鞍山。

没跑多远，他被波涛汹涌的澜沧江挡住去路。此地后来就叫作关山。建文帝情急之下，猛抽马屁股一鞭，白马受惊跃起，跃过了澜沧江。由于用力过大，四只马蹄陷进碾子泥潭中。白马死后，变成一道山梁，就是后来的白马梁子山。

建文帝迎着火光走近一看，原来是从山涧中发出的光芒，山左边有灰白色的水向东流去，山右有黄红色的水向西流去。

建文帝说："此山一边流金，一边流银，中放祥光，实乃宝台山也！"

后来，金光寺就坐落在祥光处，东边的河叫黑水河，西边的河叫金河。

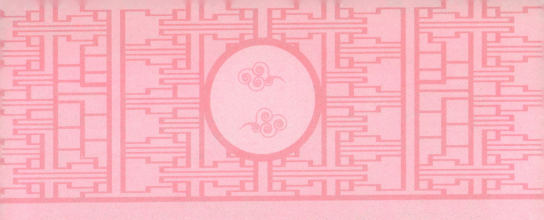

沙金产量极高的金沙江

　　纳西族民间有个传说，在几十万年前，青海的巴颜喀拉山下，住着一对邻居，一个性格活泼的年轻姑娘叫金沙江，一个是性情沉静的白头老翁玉龙山。

　　他们时常在一起谈谈笑笑，好像是爸爸和女儿一样。玉龙山老翁

很爱听金沙江姑娘唱歌，金沙江姑娘很爱听玉龙山老翁讲故事。

有一天，玉龙山老翁说，东海里有一座美丽的水晶宫，水晶宫里住着一位善良、年青、英俊的王子，但没有找到一个理想的伴侣。

有一天，东海王子听说西方有一位漂亮姑娘，他高兴极了，便跳出水晶宫，来到海滨，面向西方幻想那位美丽姑娘会到东海来。

可是一天、两天、三天……过去了，除了飞翔的白鸥和潮水击打海岸的声音之外，什么也没有。

他对风说："风哥哥，请你带个信给那西方的漂亮姑娘，你就说，东海的王子在日夜想念着她。"

风呜呜地吹过去了。他日夜期待着姑娘的回信。哪知风早就把这件事忘了！王子每天站在海滩上，眼巴巴地望着西方。最后他病了。

金沙江姑娘听到这里，非常同情这位王子，急急地问："那怎样才能医好王子的病呢？"

玉龙山老翁回答："只有那位姑娘去，东海王子的病才能好。"

金沙江姑娘又问："那位姑娘到底是谁？她为什么不去呢？"

玉龙山老翁笑眯眯地看着金沙江姑娘天真的脸，说："嗬，就是你这位美丽的金沙江姑娘！他日夜盼望着的就是你。我的好姑娘，你去东海吧，救救那个王子吧！"

金沙江姑娘一听脸羞得通红，玉龙山老翁哈哈大笑起来。

金沙江姑娘想了一下，脸不红了，她抬起头，站起来说："好吧，我就到东海去！"

玉龙山老翁吓了一跳，说："东海离这里有6000多里，像你这样年青的姑娘，怎能走这样遥远的路呢？"

金沙江姑娘说："我不怕走远路，我一定要走到东海去！"

玉龙山老翁说："如果你一定要去，我也跟着你去好吗？"

金沙江姑娘很高兴，"你肯陪我去，那好极了，可是你年纪这样大，走起路来一定不快，怎么能走到东海呢？"

　　玉龙山老翁呵呵大笑，说："难道你这小姑娘可以到东海，我老头儿就不能吗？不相信就比一比，看谁先到东海！"

　　于是他们两个就离开青海，向着东南走下来。开始，谁也不肯让谁走在自己的前面。但是玉龙山老翁身体魁梧，迈开脚步，一步就是几十里，不像金沙江姑娘走得那么慢，所以玉龙山老翁一直走在前面。

　　玉龙山老翁常常回头笑着对金沙江姑娘说："小姑娘，请你快点走吧。"

　　金沙江姑娘低着头，一声不响，日夜不停地走。她心里想："一定要赶上他！"

　　这样走了三四十天，他们到了云南丽江。玉龙山老翁觉得这地方又幽雅又安静，很合心意，他就向南边一坐，回头看看金沙江姑娘还远得很，他想等她，不料睡着了。他这一睡就要几十万年才会苏醒。他横躺在丽江白沙街头，正好拦住金沙江姑娘的去路。

　　金沙江姑娘远远看见玉龙山老翁睡着了，就悄悄地穿过玉龙山老翁曲着一条腿的腿缝里溜了过去。

金沙江姑娘走过四川的东南，穿过武汉，直到江苏，她看见了东海的王子快乐地迎接她，她也高高兴兴地投入到东海王子的怀里，永远不回去了。

金沙江，当地百姓又叫作"金河"，早在战国时期，《禹贡》中就提到了这条河，并将其称为黑水，《山海经》中称之为绳水。

东汉许慎的《说文解字》及《汉书·地理志》中将金沙江支流雅砻江以上部分的金沙江称为淹水。三国时期，金沙江称为泸水，诸葛武侯"五月渡泸，深入不毛"指的就是这里。宋代因为河中出现大量淘金人，最终改名为金沙江。

金沙江沿河盛产沙金，明代程登吉在《幼学琼林》中说："黄金生于丽水，白银出自朱提。"其实，金沙江"沙金"采冶历史久远。早在先秦时期，就有人在金沙江边淘金。几千年来，无数的人到江中取土淘金，因而留下了"金塘湾""金塘村""金塘乡"等地名。

金沙江两岸过去有种民间说法："涨水漂木，枯水行船，不涨不枯淘沙金。"据说，涨水季节金河里漂的木头不是一般的木头，是金河两岸山上一种叫"马桑树"的优质木材，也就是楠木。木头一直顺

江河漂到京城，用来建盖皇帝的宫殿，因此，被皇帝封为"皇木"。

到了枯水季节，金河里隔三岔五结队跑着一只只运银铜的官船，把金河上游一带的银、铜运到皇帝的都城，铸造银锭和铜钱。

堂狼山区域的巧家境内的金沙江段，系古泸江水的泸津区域，彝族始祖希慕遮入住的"邛之卤"，也就是后来金沙江的主要产金之地，与古朱提山同处于一条盛产金、银、铜、铅诸矿的金属矿带上，所产的沙金铸进了周边区域金工艺产品中，形成了以巧家堂狼山沙金文化为主的古丽水沙金文化！

在整个金沙江流域，巧家沙金产量极高，品质极好，因此地方志《云南通志》称，在整个金沙江流域中巧家沙金"为最"。

金沙江河道狭窄、水流湍急，一直以来通航能力都比较差，1740年，为确保京师钱局铸钱用铜需要，史上第一次大规模开凿金沙江，由清朝大学士首倡，东川府参将、昆明人缪弘受命督修。

缪弘率民夫数万，耗时数年，金沙江还是无法通航。缪弘失败后在崖上大刻"安澜吉水"4字，又题诗一首，作别金沙江：

金江自古不通舟，水急天高一望愁。

何日天人开一线，联樯衔尾往来游。

金沙江发源于青海境内唐古拉山脉的格拉丹冬雪山北麓，是西藏和四川的界河。长江江源水系汇成通天河后，到青海玉树县境进入横断山区，开始称为金沙江。

金沙江上段左岸自北而南是高大的雀儿山、沙鲁里山、中甸雪山；右岸对峙着达马拉山、宁静山、芒康山和云岭诸山，河流流向多沿南北向大断裂带或与褶皱走向相一致，狭窄处仅50至100米。

金沙江在得荣县庚乡与德钦奔子栏交界处围绕着金字塔般的日锥峰潇洒地画了一个"Ω"字形的大拐弯，被称为"月亮湾""万里长江第一弯"。从山顶俯瞰月亮湾全景，使人心旷神怡、荡气回肠，不能不惊叹自然造化的神奇！

金沙江下段为四川省新市镇至宜宾市岷江口，江水过新市镇转向东流，进入四川盆地。这一段属低山和丘陵，河流沉积作用显著，河床多砾石。沿岸有较宽阔的阶地分布，支流除横江外，均较短小，水网结构呈格网状。

金沙江水系包括尘河、鱼参鱼河、黑水河、西溪河、溜筒河、水

洛河。上段支流有松麦河、赠曲、热曲、中岩曲、巴曲、藏曲、欧曲、达拉河和支巴洛河；中段支流有雅砻江、牛栏江、普渡河、龙川江、水落河、渔泡江、黑水河、西溪河、硕多岗河、美姑河、小江、漾弓江、以礼河和普隆河；下段支流有松麦河、水落河、右岸的普渡河、牛栏江、横江等。

金沙江流经云南高原西北部、川西南山地，到四川盆地西南部的宜宾接纳岷江为止，全长约2300千米，流域面积34万平方千米。由于流经山高谷深的横断山区，水流湍急，向东南奔腾直下，至云南石鼓附近突然转向东北，形成著名的虎跳峡。

虎跳峡两岸山岭与江面高差达2.5千至3千米，是世界最深峡谷之一，以奇险雄壮著称于世。江流在峡内连续下跌7个陡坎，落差170米，水势汹涌，声闻数里，为世界上最深的大峡谷之一。

从虎跳峡镇过冲江河沿哈巴雪山山麓顺江而下，即可进入峡谷。上虎跳距虎跳峡镇9千米，是整个峡谷中最窄的一段，江心右一个13米高的大石虎跳石，巨石犹如孤峰突起，屹然独尊，江流与巨石相互搏击，山轰谷鸣，气势非凡。

　　"三江并流"风景区腹地，便是世人寻觅已久的世外桃源香格里拉。这里垂柳和稻香氤氲，小桥流水人家，呈现一派江南田园风光。云南最广阔的牧区在这里，牛羊成群，牧歌起处，风情醉人。

　　香格里拉雪山耸峙，草原广袤，河谷深切。海拔在4千米以上的雪山有470座，较为著名的有巴拉更宗雪山、浪都雪山、哈巴雪山等，气势磅礴，姿态万千。

　　在雪山深处，在草原深处，在林海深处，是碧塔海、属都湖、纳帕海这些清幽宁静深邃神秘的高山湖泊，呼唤人们去撩开她们美丽的面纱。这些湖泊全都清洌纯净，植被完整，未受过任何污染。

　　纳帕海湖水澄清、湖岸碧翠、远山一片葱茏，景色分外秀美，湖水由西侧9个落水洞下泄，估计与硕多岗河相通。

　　碧塔海是因断层构造形成的断陷湖，因断层构造形成了一个断陷湖碧塔海，湖中有一小岛耸立，岛上林木茂密，湖光山色，景色奇丽。碧塔海湖东有溶洞通暗河，经尼汝河进水落河入金沙江。

　　属都岗湖水清澈透亮，四周青山郁郁，原始森林遮天蔽日。湖东面成片的白桦林，秋天一片金黄。山中云杉、冷杉高大粗壮，直指云霄，树冠浓绿缜密，可遮风避雨。

"高原明珠"泸沽湖中各岛亭亭玉立，形态各异，林木葱郁，翠绿如画，身临其境，水天一色，清澈如镜，藻花点缀其间，缓缓滑行于碧波之上的猪槽船和徐徐飘浮于水天之间的摩梭民歌，使其更增添几分古朴、几分宁静。

泸沽湖古称鲁窟海子，又名左所海，俗称亮海。湖边的居民主要为摩梭人，也有部分纳西族和普米族同胞居住。摩梭人一直保留着母系氏族婚姻制度。

金沙江有着令世人为之目眩的自然资源，丰富的水能资源、森林资源，尤其在云南的北部、四川的西部，不但产量高，而且质量好，所以被人们称为森林的王国。

知识点滴

传说很多年前，有一年，被称作金河水的金沙江突然干了，露出了河底，河里到处是金银财宝，一传十，十传百，满河都是捡宝人。还真有人捡到了银、铜之类的东西。

几天后，当人们正在河底疯狂捡宝时，金河水突然一泻千里，暴涨数丈，满河的捡宝人来不及跑上岸，冲走了好多人。

祸不单行，许多年后，金河水又一次干了。这次，老百姓吸取教训，没有人再敢下河捡宝了。这个富有传奇色彩的故事一直在民间流传。

历史上，金沙江上游确实发生过山体坍塌堵断江水造成断流的事件，也从另一侧面印证了金河流金淌银的说法。